とんかつの技術

定番フライとバリエーション

はじめに

今、とんかつが熱い！

有名とんかつ店に連日できる長蛇の列。とんかつには、性別も世代も超えて多くの人々を惹き付けるパワーがあります。典型的な日本食の一つとして訪日外国人にも人気の的です。今も昔も愛され続けるとんかつですが、ここ数年、都市部を中心に〝ごちそう〟化の流れが顕著になっています。材料も調理法も徹底的に掘り下げようという職人の気概が、とんかつの魅力をネクストレベルにまで高めているのです。料理としての表現の幅も広がり、メニューにも店のスタイルにも個性を感じさせる事例が増加しています。本書では、とんかつ店と洋食店、計8店の技術とアイデアを紹介。とんかつのみならず、エビフライ、クリームコロッケ、カキフライなど〝ニッポンのフライ〟の味づくりの秘訣を披露します。

目次

本書に登場する店と職人と、とんかつ定食 6

とんかつ&フライの基礎知識
- 肉 10
- 衣 14
- 揚げ油 16

揚げ場のレイアウト 18

豚肉の下処理（掃除）
- すぎ田 20
- ぽん多本家 26
- 成蔵 28
- ポンチ軒 30
- かつ好 32
- レストラン 七條 33

ラードの抽出方法
- ぽん多本家 34

基本のとんかつ
とんかつ&フライのバリエーション

とんかつ店

かつ好 38
- ロースかつ 42
- ヒレかつ 44
- かろみかつ 46
- しゃぶ巻きかつ 48
- 塩コロッケ 49
- 車海老 50

すぎ田 52
- とんかつ ヒレ 56
- とんかつ ロース 58
- エビフライ 60

成蔵 62
- 雪室熟成豚ロースかつ 66
- 煌麦豚ロースかつ 68
- シャ豚ブリアンかつ 70
- ミルフィーユかつ 72

洋食店

ポンチ軒 74
特ロース豚かつ 78
特ヒレ丸ごと一本揚げ 80
ビーフかつ 82
ポンチかつ 84
ポテトミンチコロッケ 85
アジフライ 86

ぽん多本家 92
カツレツ 96
穴子フライ 98
きすフライ 100
柱フライ 102

レストラン 七條 104
秋田産豚ロースカツ 108
秋田産豚ヒレカツ 110
チキンカツ 112
牡蠣フライ 114
アジフライ 116

フリッツ 118
ロースとんかつ 122
カニクリームコロッケ 124
メンチカツ 126
ホタテのいそべ揚げ 127
ビーフカツサンド 128

レストラン サカキ 130
千葉県産林ＳＰＦ豚のポークカツ 134
カキフライ 136
エビフライ 138
カニクリームコロッケ 140
メンチカツ 142

《とんかつメニューバリエーション》
多彩な部位でメニュー展開「とんかつ ひなた」 88
キャベツはどう扱う? 51
とんかつ職人の道具 73

本書を使う前に

▷本書は2018年9月～12月に取材を行い、まとめたものです。メニューの名前は店の表記に準じており、料理内容や価格は取材当日のものです。いずれも店の都合によって変わることがあります。
▷店舗データおよび店舗解説は2019年2月現在のものです。
▷液体の分量単位はgなど重量による表記と、mℓなど容積による表記があり、取材店の計量法に準じます。
▷大さじ1は15mℓ、小さじ1は 5mℓです。
▷調理時の温度・火力・時間、材料の分量はあくまでも目安であり、厨房条件、熱源や加熱機器の種類、材料の状態によって変わります。適宜調節してください。

撮影…海老原俊之　デザイン…飯塚文子　校正…安孫子幸代　編集…吉田直人、笹木理恵

本書に登場する
店と職人と、
とんかつ定食

メニューに空間にアイデア満載
かつ好
【東京・人形町】

とんかつ店

店主
水上彰久さん

とんかつは単品が基本。写真は「かろみかつ」で、別皿で大根おろしとわさびが付く。レモンは種が落ちないように、網状のペーパーで包んで提供するのもユニークだ。「ご飯・おつけもの」と「汁わん」は各250円。米は新潟・魚沼産のコシヒカリを使用し、小布施産と松本産の2種類の信州味噌をブレンドした味噌汁はアサリと長ネギ入り。

下町に根づく、ごちそうとんかつ
すぎ田
【東京・蔵前】

とんかつ店

店主
佐藤光朗さん

とんかつは単品が基本。 写真は「とんかつ ロース」で、「ごはん」（お新香付き・お代わり1回可）300円は長野・野沢温泉産のコシヒカリを使用し、粒の立ったハリのある炊き上がり。「豚汁」200円は豚肉をだしをとるためだけに使い、具材とはしないのが特徴。赤・白・麹の3種類の味噌をブレンドしたあっさりとした味わいだ。具材はゴボウ、ニンジン、大根など。

白いとんかつが放つ強烈な個性
成蔵
［東京・高田馬場］

とんかつ店

写真は「煌麦豚ロースかつ定食」。メインディッシュの盛り付けはとんかつとせん切りキャベツのみとシンプルだが、定食はごはん、豚汁、お新香、２種類の小鉢が付くにぎやかな構成。小鉢の内容はお浸しや酢のものなどそのつど変わる。豚汁の具材は豚肉、ゴボウ、大根、ニンジン、長ネギで、米は山形県産のはえぬきを使用。

店主
三谷成藏さん

進化するとんかつのスタンダード
ポンチ軒
［東京・神田］

とんかつ店

写真は「特ロース豚かつ定食」で、ごはん、豚汁、お新香が付く。米はコシヒカリをはじめ専門業者が厳選したものを使い、毎日、最初の１回目は釜で炊き、以降は鍋で炊く。保温時間は1時間程度にとどめ、できるだけ炊きたてを提供するのがポリシーだ。豚汁は昆布だしに麹味噌を合わせたもので、豚肉、油揚げ、玉ネギ、長ネギ、ニンジン、大根が入る。

店長
橋本正幸さん

洋食店

四代続く、カツレツのパイオニア

ぽん多本家

［東京・御徒町］

「カツレツ」は単品販売で、「ご飯・赤だし・おしんこ」はセットで540円。米は新潟・糸魚川産のコシヒカリを使用し、水加減にはとくに気を配るという。米の1粒1粒にハリとツヤのある炊き上がりだ。「汁ものとおしんこは、口の中をリセットさせる役割もある」と島田さん。汁ものは具材になめこなどを用いた、さっぱりとした赤だしを提供する。

店主
島田良彦さん

洋食店

洋食とビストロ料理の二枚看板

レストラン七條

［東京・神田］

写真は「ヒレカツ」で、ランチタイムはパンまたはライスとスープが付く。まずスープを提供し、その後にメインディッシュとパンまたはライスをテーブルに運ぶ流れだ。米は岩手県産のひとめぼれを使用。スープは、野菜のうまみが凝縮したコンソメベース。なお、メインディッシュにはコールスローのほかにトマトとポテトサラダを添えるのが基本。

店主
七條清孝さん

洋食店を現代的にアップデート
フリッツ
【東京・春日】

洋食店

写真は「ロースとんかつセット」。千葉県産のコシヒカリを炊いたごはんのほか、メインディッシュにはポテトサラダを添え、また、色どり豊かなサラダと自家製のデザートが付く、いかにも洋食店らしいスタイルだ。デザートは日替わりで、写真はプリン。サラダとデザートは冷たい状態で提供すべく、ガラス製の器に盛り付けて冷蔵庫でスタンバイしておく。

店主
田苗見賢太さん

行列必至のお値打ちメニュー
レストラン サカキ
【東京・京橋】

洋食店

写真は「千葉県産林 SPF 豚のポークカツ」で、スープとライスが付く。「とんかつにはごはんが合う」というのが榊原さんの身上で、洋食店だがパンではなくライス一択とし、フォークではなく箸を用意するのもユニークだ。米は千葉・鴨川産の長狭米を使用し、スープはコンソメベースで野菜たっぷりの仕立て。

店主
榊原大輔さん

とんかつ&フライの基礎知識

肉

〝ごちそう化〟や〝アッパー路線〟に舵を切るとんかつ店では国産豚を使うのが主流だ。さまざまな産地、銘柄の豚が存在するが、どの豚肉を使うかは各店がめざすとんかつの味や、価格設定の考え方によって異なり、その選択が店の個性を決める重要な要素となる。うまみの強い肉を求めたり、それとは逆にクセの少ない肉をセレクトするなど、豚肉の選び方は十店十色だ。

特定の産地や銘柄の豚肉にこだわる店がある一方で、「使う豚肉を固定すると、その豚の品質が思わしくないときに対処しにくい」といった理由から、あえて産地や銘柄には固執せず、自店のニーズに合った豚肉であることを前提に、精肉業者のラインアップの中からそのとき状態のよいものを仕入れるケースも多く見られる。

昨今では低温で一定期間保管した、いわゆる「熟成豚」もとんかつの豚肉選びの選択肢の一つになっているが、これについても店によって意見は分かれる。「熟成肉ならではの深みのある味わいをとんかつに生かしたい」と考える店もあれば、「熟成豚を使うと油に独特の香りがついてしまい、ほかの素材を揚げるときに使いまわしがきかない」といった意見もある。

一方、とんかつ業界全体を見れば、リーズナブルな価格で大衆にアピールする店も多く、コスト面で魅力のある輸入豚に対するニーズも高い。もっとも、メキシコ産をはじめ昨今の輸入豚は、飼育から加工、流通に至るまで品質管理が徹底されたものもあり、目利き次第では価格だけではなく、安全・安心、また品質といった部分でもしっかりと魅力を打ち出せるはずだ。

各店それぞれの考え方に基づいて豚肉を選定しているわけだが、大多数の店に共通する意見もある。それは、「水豚はNG」ということ。脂肪がやわらかい（「軟脂」と呼ぶ）、肉質の劣る豚肉は「水豚」と呼ばれ、水豚の場合、ロース1本を丸々両手で抱えてみると、両端がだらんとたれ下がり、明らかに締まりのない（ハリのない）肉質だとわかるという。逆に、脂肪が固い、締まった豚肉は「もち豚」と呼ばれる。「信頼のおける業者であっても、納品された肉の品質をそのつどしっかりとチェックすることが大切」というのが、とんかつ店の共通認識だ。

《豚肉と牛肉のおもな可食部の比較》

豚肉

豚肉の可食部の分類例

牛肉

牛肉の可食部の分類例

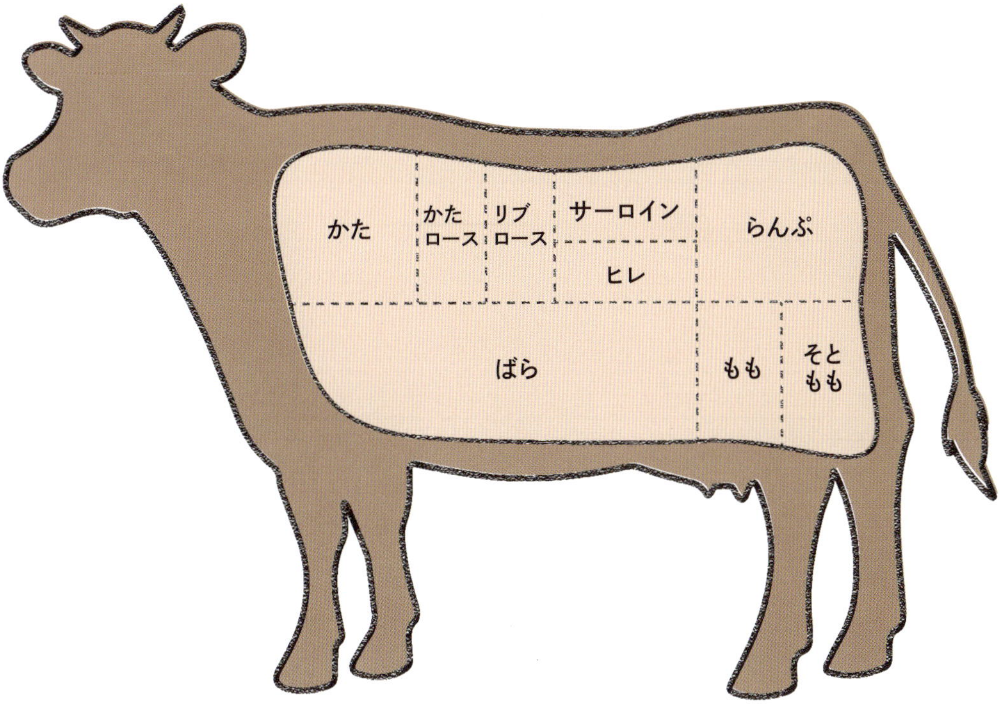

出典：東京都中央卸売市場

《とんかつに用いられるおもな部位》

ロース

ロースは、肩の後ろから腰にかけての背中側の部位のこと。脂身と赤身のバランスがよく、赤身はキメが細かく、やわらかな肉質が特徴だ。とんかつのほか、ポークソテーやチャーシューなどに用いられることが多い。

「上」と「並」の根拠

ロースを1本丸々仕入れる店では、切り出す部分によって「上」や「並」といった具合にランクづけしてメニュー化するケースも見られる。一般的に「上」とされるのは肩寄りの肉、「並」とされるのは腰寄りの肉で、肩寄りのほうが脂身が複雑に入り込んでいる。ただし、ロースのどの部分を切り出すかで差をつけるのではなく、重さや厚さを基準に「上」や「並」などとメニューを分ける店も存在する。

なお、牛肉の部位の名称にちなんで、肩寄りを「リブロース」、腰寄りを「サーロイン」と呼ぶ店もあるが、豚肉の部分肉取引規格においては「ロース」は1本丸々「ロース」であり、「リブロース」や「サーロイン」といったようには細分化されていない。

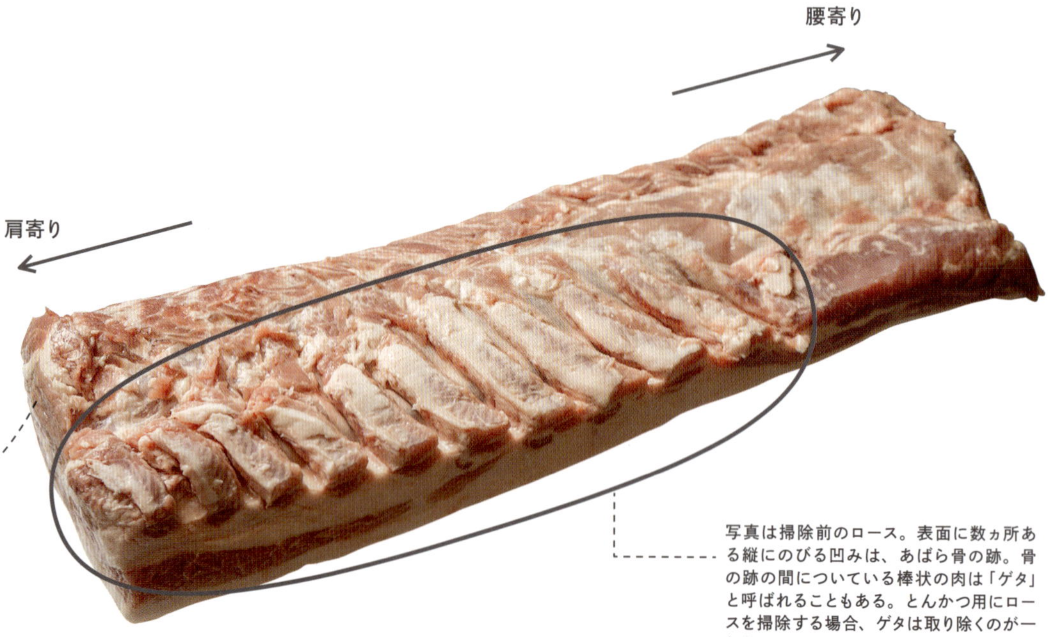

写真は掃除前のロース。表面に数ヵ所ある縦にのびる凹みは、あばら骨の跡。骨の跡の間についている棒状の肉は「ゲタ」と呼ばれることもある。とんかつ用にロースを掃除する場合、ゲタは取り除くのが一般的で、切り取ったゲタは煮ものなど別の料理に活用するケースもある。

断面の見え方の違い（掃除後の状態）

肩寄り ←　　→ 腰寄り

ヒレ

ヒレは、ロースと「ばら」の間に位置する棒状の部位で、脂身がほとんどなく、やわらかな肉質が特徴。標準的な豚1頭からは1kgほどしかとれない部位だ。牛肉の世界ではヒレを英語で「テンダーロイン」と呼び、中央の厚みのある部分は「シャトーブリアン」ともいわれる。豚肉の世界においても、ヒレは一般的に中央部分が良質とされ、その部分を「上」と捉えてランク分けして販売するケースもある。

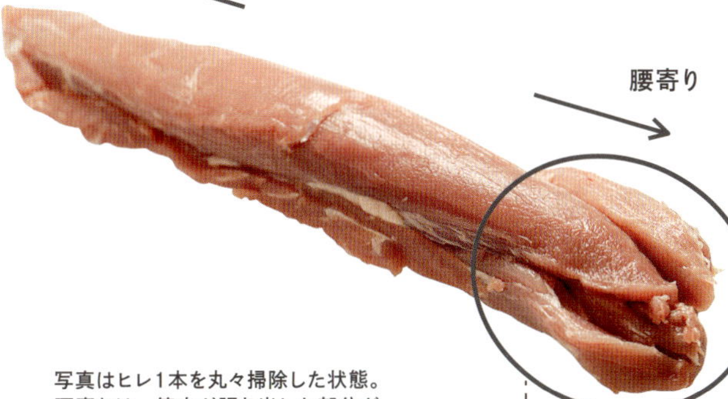

写真はヒレ1本を丸々掃除した状態。腰寄りは、筋肉が張り出した部分があり、そのぶん太い。張り出した部分は「みみ」と呼ばれることもある。

そのほかの部位

とんかつでは豚のロースあるいはヒレをおもに使用するが、脂肪が少なく、あっさりとした味わいの「もも」や、脂身が多く、味の強い「かたロース」を用いる店もある。また、近年、焼肉のように部位を細分化し、「らんぷ」（「そともも」の一部）、「しきんぼ」（「もも」の一部）、「トントロ」（首まわりの肉）などユニークなメニューを提供する店も登場している。

ロースの芯にあたる赤身主体の部分。この部分は「ロース芯」と呼ばれることもある。掃除前の状態（写真）では、ロース芯は小さく見えるが、とんかつ用に掃除をして板状に切り分けるとロース芯の比率は高くなり、赤身がメインとなる。

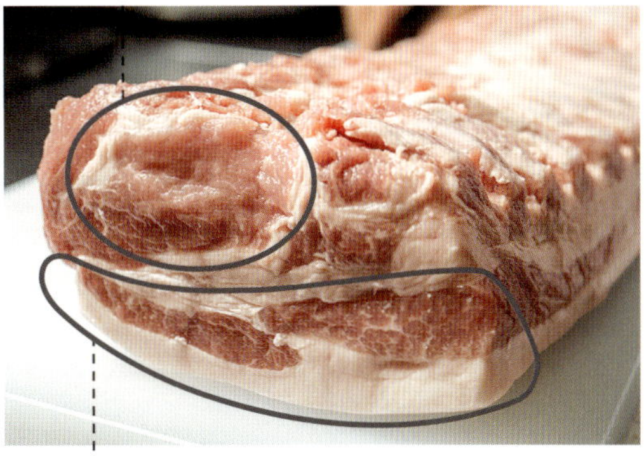

ロースの肩寄り側は、ロース芯などにおおいかぶさるように脂と赤身の層がついている。この部分は「かぶり」と呼ばれることもある。かぶりを残すか取り除くかは店によって異なり、切り取ったかぶりは角煮などに用いられるケースもある。

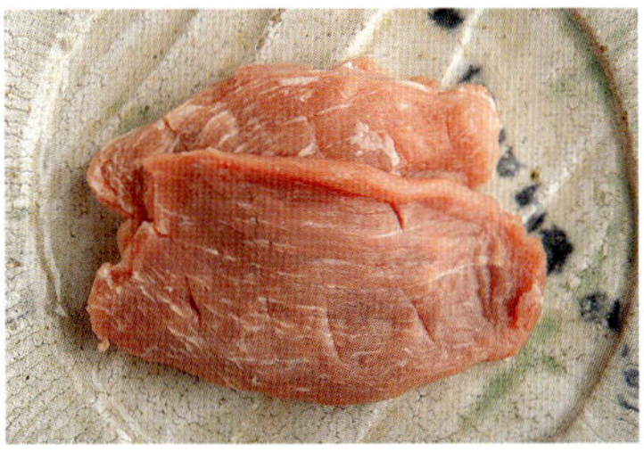

写真上は「もも」の一部、下は「そともも」の一部で、前者を「しきんぼ」、後者を「らんぷ」という名称で商品化しているとんかつ店もある（P.88参照）。

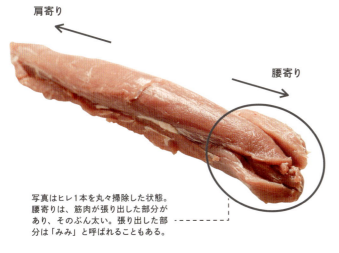

衣

とんかつや、そのほかのフライにおける衣の役割は、素材の水分やうまみをとじ込めることにある。衣があることで外に流れ出ず、内部に保持されるわけだ。また、油の熱が素材に直接伝わらず、衣を通じて間接的に伝わるため、素材は衣の中で蒸されるようにゆっくりと加熱される。そしてこの間に、衣に含まれる水分（また素材のもつ水分の一部）が蒸発し、代わって油が吸収されてカラッと揚がる、というのがフライのメカニズムだ。

粉の役割

フライの衣は、基本的に小麦粉と卵液、パン粉の3つの素材で構成される。小麦粉の役割は、素材の表面の水分を吸収して薄い膜をつくり、うまみが外に逃げないようにするとともに、卵液とからむことで糊のように作用し、素材とパン粉を接着することにある。強力粉あるいは薄力粉が用いられるほか、結着力を高める目的から小麦粉にでん粉や増粘剤などを配合した「バッター粉」や「ミックス粉」と呼ばれる粉を使うケースもある。

卵液の役割

卵液には、小麦粉とのタッグによって、素材にパン粉をふんわりとまとわせるための糊のような役割がある。全卵を溶いてそのまま使うほか、牛乳や水を加えて使用するのもポピュラーだ。牛乳や水を合わせて希釈された卵液はさらっとした状態になり、そのぶん素材に薄くコーティングすることができ、パン粉も比較的薄くつく。一方、全卵と小麦粉を混ぜ合わせた、いわゆる「バッター液」を使うケースもあり、この場合は希釈するのとは反対に、衣が厚くなり、パン粉もたっぷりとつく。

パン粉の役割

衣のもっとも外側に位置するパン粉は、パン粉に含まれる空気によって、素材への油の熱の伝わり方をコントロールするとともに、フライならではの食感をつくるという重要な役割がある。パン粉の水分と油が置き換わり、完全に水分が抜けることでサクッとした食感が生まれるのだ。乾燥（ドライ）パン粉や生パン粉などの種類があるが、現在、とんかつで主流といえるのは生パン粉。パン粉の揚げ色や立ち方なども見た目の印象に大きな影響を与えるため、目の粗さや形、揚げ色のつき方などを考慮し、めざすとんかつに合った性質の生パン粉を各店がセレクトしている。

生パン粉の天敵は乾燥

生パン粉のもつ水分が油と置き換わることによって、サクッとした食感が生まれる。そのため、生パン粉の水分は重要であり、乾燥しないようにすることが大切だ。使わないとき、あるいは使い終わったら、ビニール袋に入れて封をする、またはふきんをかぶせるといった方法が一般的。なかには、使う直前に霧吹きで軽く水を吹き付けて保湿するケースもある。

布をかぶせて乾燥を防ぐ

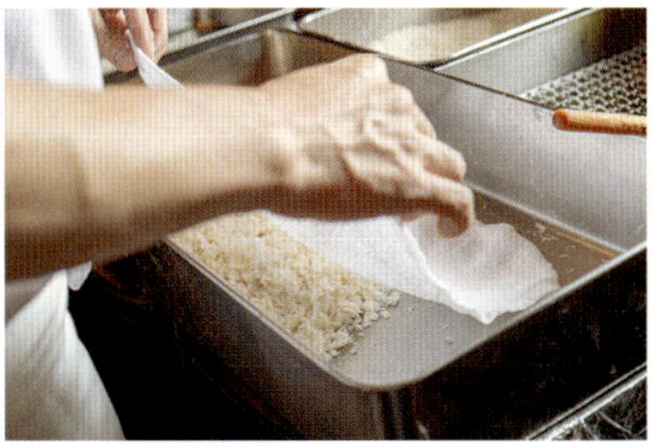

水を吹き付けて保湿する

小麦粉はまんべんなく、薄くつける

小麦粉のつき方にムラがあると、卵液やパン粉のつき方にもムラができ、揚げている間に衣が破裂したり、素材と衣に隙間ができる原因になる。また、小麦粉が厚くついた部分があると、卵液をまとわせたときに、その部分から卵液の膜が割れてしまう。

小麦粉を厚くつけると ——> 卵液の膜が割れてしまう

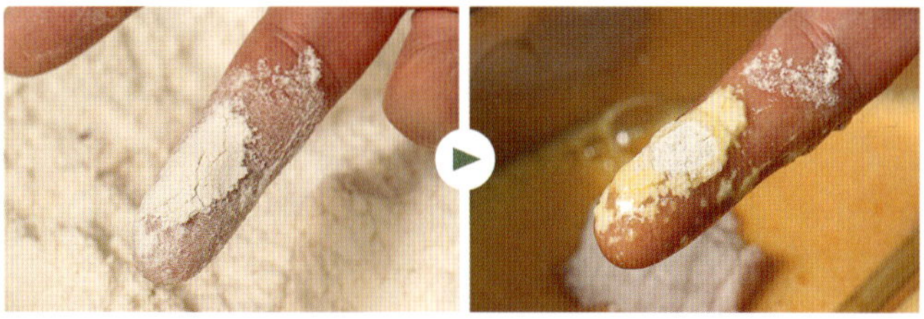

小麦粉を薄くつけると ——> 卵液の膜が全体をおおう

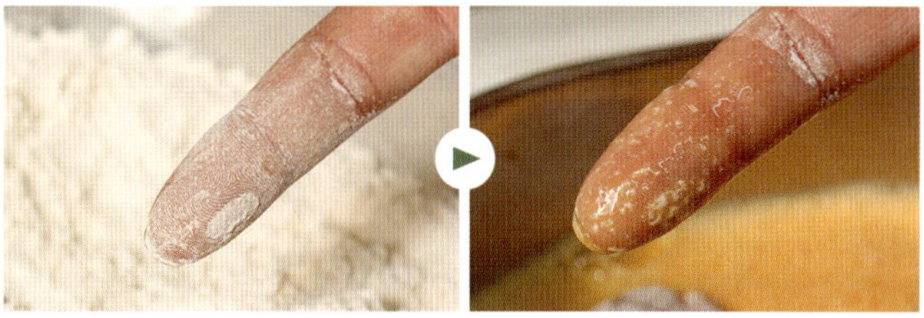

本書に登場する店の衣の材料

店名	粉	卵液	パン粉／目の粗さ・そのほかの特徴
かつ好	強力粉（卵白粉入り）	全卵＋牛乳	生パン粉／粗
すぎ田	薄力粉	全卵	生パン粉／細
成蔵	中力粉	全卵	生パン粉／粗・糖分(低)
ポンチ軒	バッター粉	全卵＋牛乳	生パン粉／粗・糖分(低)＆塩分(低)
ぽん多本家	薄力粉	全卵	生パン粉／粗・糖分(低)
レストラン 七條	強力粉	全卵＋水	生パン粉／細・糖分(低)
フリッツ	バッター粉	バッター液 （全卵＋バッター粉＋水）	生パン粉／粗・糖分(高)
レストラン サカキ	薄力粉	全卵＋水＋サラダ油	生パン粉／中・糖分(高)

揚げ油

フライにとって揚げ油は、素材に熱を伝える役割を果たすとともに、フライに風味やコクなどをプラスする、いわば調味料としても重要な材料だ。

フライに用いられる油は、豚の脂を原料とするラードなどの動物性油と、コーン油やゴマ油などの植物性油の大きく2種類に分かれる。動物性油は「こうばしい香りとコクをプラスしたい」、植物性油は「揚げ上がりを軽くしたい」といった狙いから選ばれる傾向にある。もっとも、それ以外にも職人それぞれに選ぶ理由があり、それらについては各店の頁を参照していただきたい。

本書で技術を披露してくれる8店のうち、とんかつに動物性油を用いるのは5店。いずれも良質なラードを使うが、とりわけ個性的なのが「ぽん多本家」の取り組み。1本丸々仕入れたロースを掃除し、その際に切り取った脂身を炊いてラードを自家製している。

一方、とんかつに植物性油を用いるのは3店で、いずれもコーン油とゴマ油のブレンド油を使用。コーン油で軽さを出しながら、ゴマ油の香りをプラスするという考え方だ。かつてはサラダ油や白絞油で揚げるケースもあったが、昨今はコーン油やゴマ油などがポピュラーになりつつあるといえそうだ。

素材によって揚げ油を使い分ける店も

「ポンチ軒」では、とんかつにはコーン油とゴマ油のブレンド（写真上）、ビーフかつにはラード（下）を用いるなど、素材によって揚げ油を使い分けている。

本書に登場する店の揚げ油

店名	揚げ油
かつ好	コーン油とゴマ油のブレンド
すぎ田	ラード（オランダ産）
成蔵	ラード
ポンチ軒	コーン油とゴマ油のブレンド （一部のメニューはラードを使用）
ぽん多本家	ラード主体（自家製）
レストラン 七條	ラード
フリッツ	コーン油とゴマ油のブレンド
レストラン サカキ	ラード

揚げる際の道具は？

揚げる際に使う道具は、鍋かフライヤーが一般的だ。鍋はメニューによって油の温度を変えたり、調理中に温度を調整したりしやすく、またフライヤーに比べて一度に使う油の量を抑えることができるのがメリット。もっとも、温度調節は基本的に手動で行うため、熟練の技術や勘が求められる。一方、フライヤーは設定した温度に自動で調節されるなど温度管理がしやすく、熱効率がよいといった利点がある。鍋とフライヤー、どちらを選択するかは、自店のメニュー構成や、厨房の人員数、ランチタイムなど繁忙時のオペレーションに鑑みて判断する必要がある。

油の酸化に要注意

油は空気にふれると酸化が進み、味や色が悪くなる。極端に高い温度で加熱を続けたり、油の中に不純物が混じったままだと、酸化の進行はますますはやくなるので注意が必要。素材を投入したときに油面にパン粉が散るが、そのような揚げカスをこまめに取り除くことも、油の劣化を遅らせるために重要な作業だ。

また、魚介類など水分の多い素材は油ににおいがついたり、傷みもはやくなるといわれている。そのため、肉類と魚介類で鍋を使い分けたり、とんかつ店であれば魚介類のメニューを提供しない、あるいはメニューを絞り込むといったケースも多く見られる。

鍋を使って揚げる

フライヤーで揚げる

揚げカスはこまめに取り除く

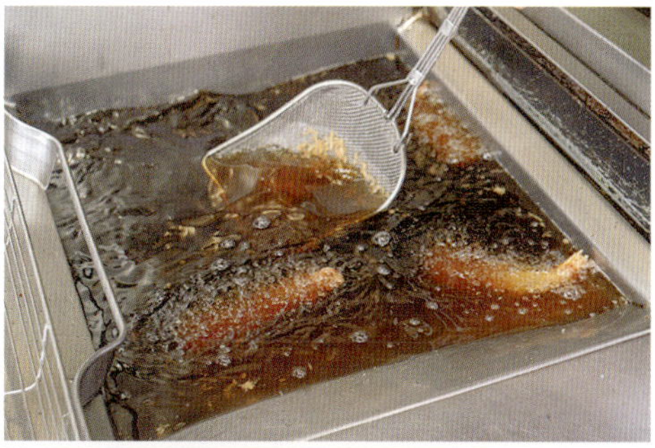

揚げ場のレイアウト

揚げ場は厨房の規模、設備や道具、動線などを踏まえて設計される。店によってそのスタイルはさまざまだ。

成蔵

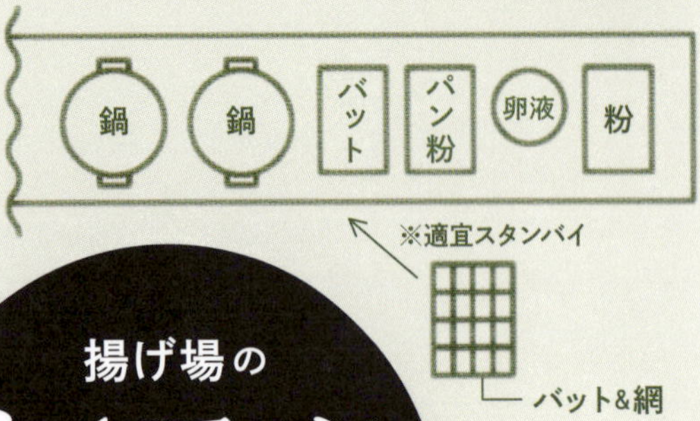

かつ好

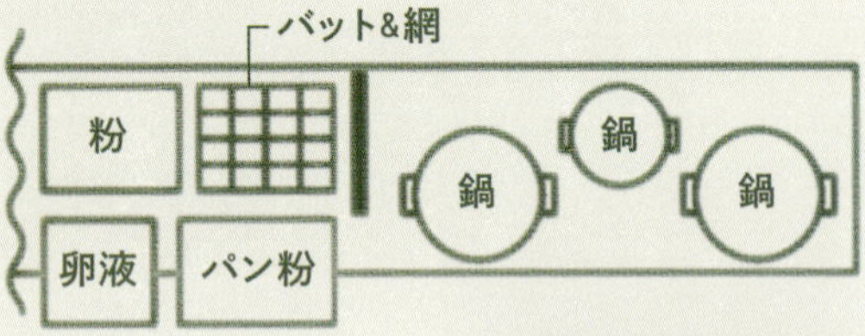

ポンチ軒

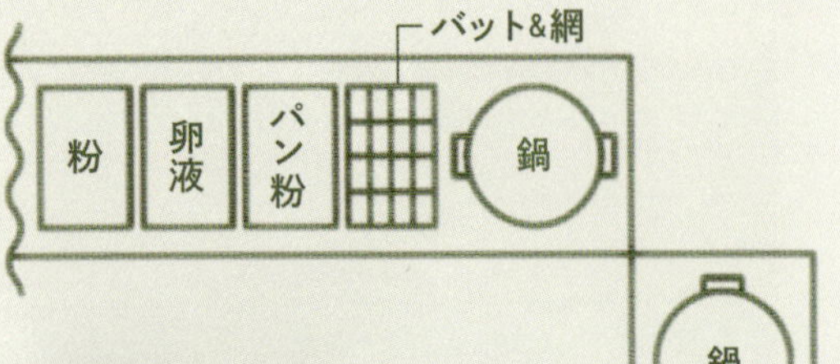

すぎ田

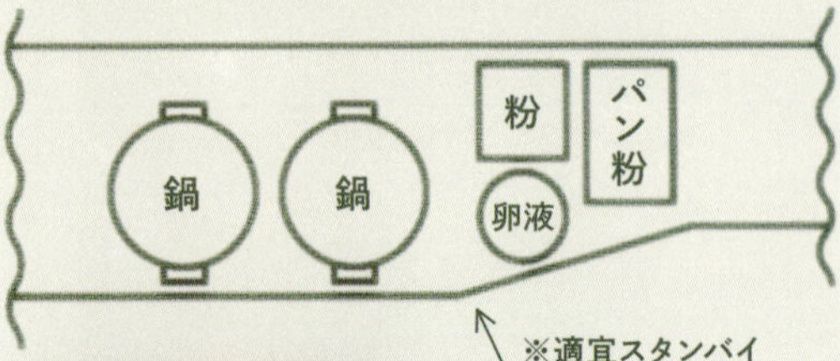

ぽん多本家

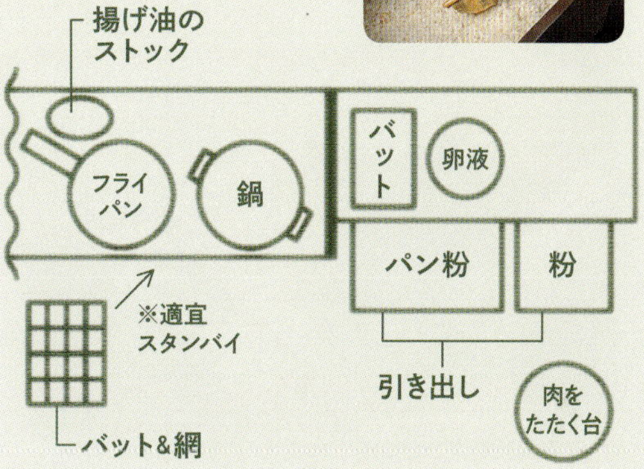

フリッツ

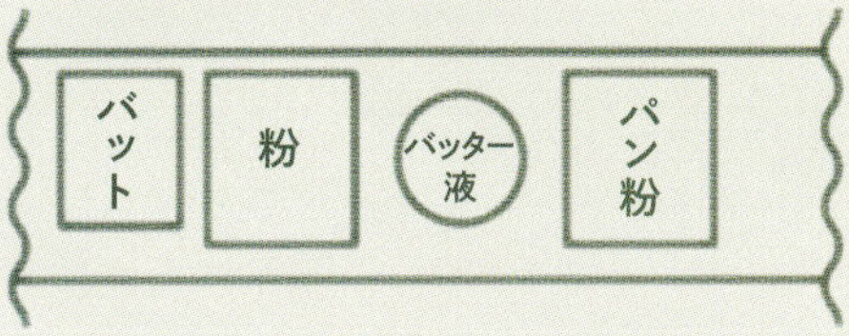

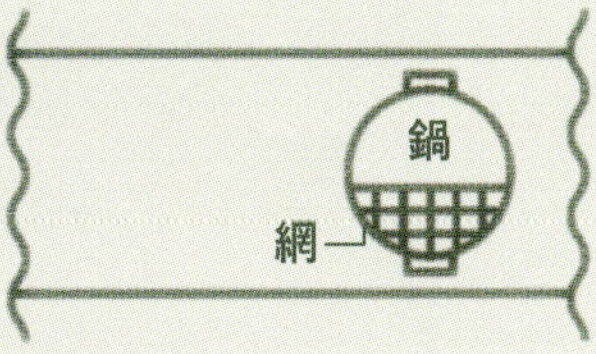

レストラン 七條

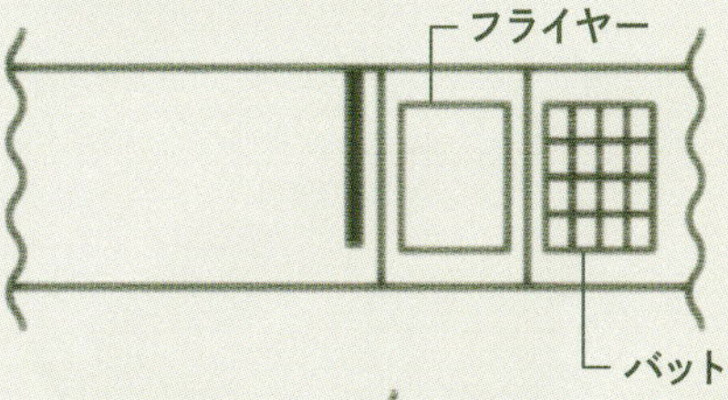

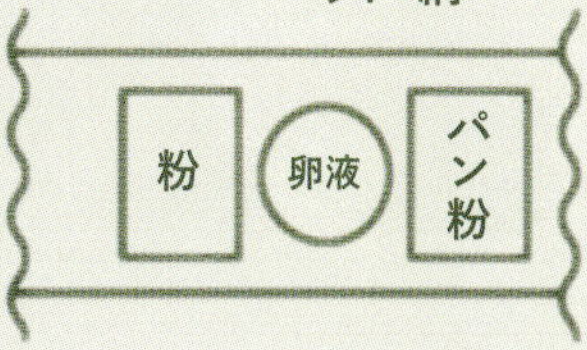

レストラン サカキ

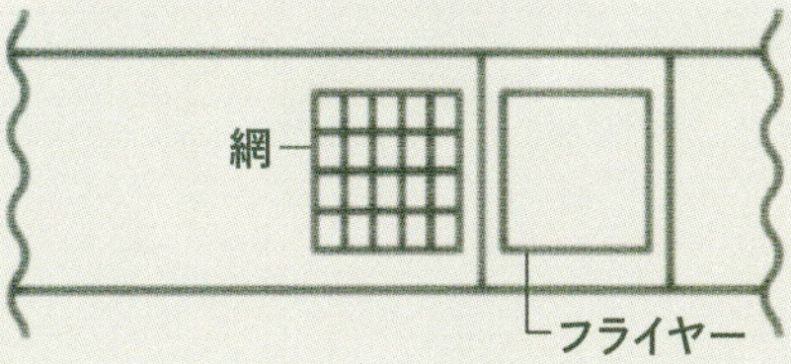

豚肉の下処理（掃除）

すぎ田【東京・蔵前】

ロース

“ロース芯”に寄せてトリミング。脂身はほどよく残す

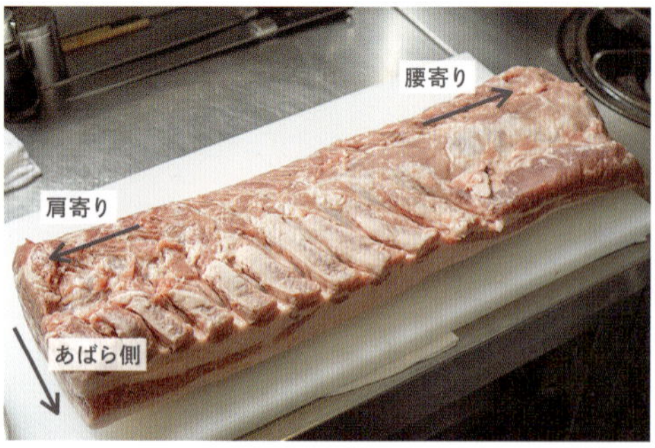

① 豚ロース肉を1本丸々用意する。写真は掃除前の状態。

② 腰寄りの部分に広がっている薄い筋を包丁の先で浮かせる。

③ この薄い筋を引っ張りながら包丁を入れて切り開き、あばら側に寄せる。

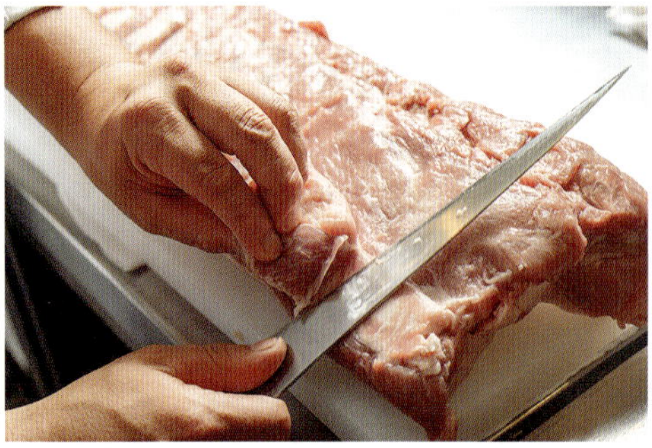

④ 寄せた薄い筋の下に包丁を入れ、あばら側の表面をそいでいく。

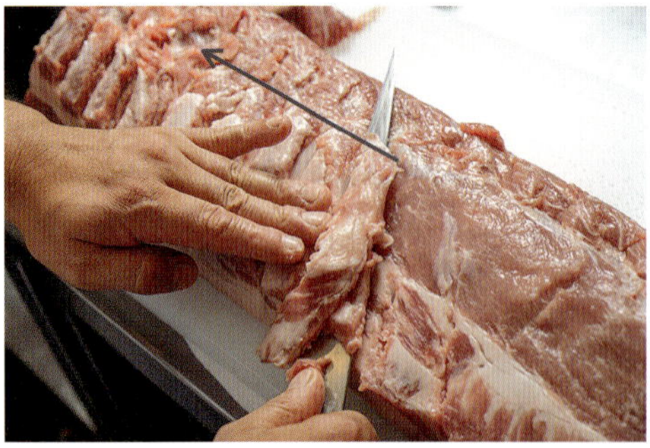

⑤ そのまま包丁を肩寄りに進め、ゲタ（あばら骨の跡の間についた肉）も切り取る。

⑥ あばら側とは反対側の腰寄りの端（写真の黒枠部分）を切り開いて内部にもぐっていた固い筋を露出させる。写真は切り開いた状態。

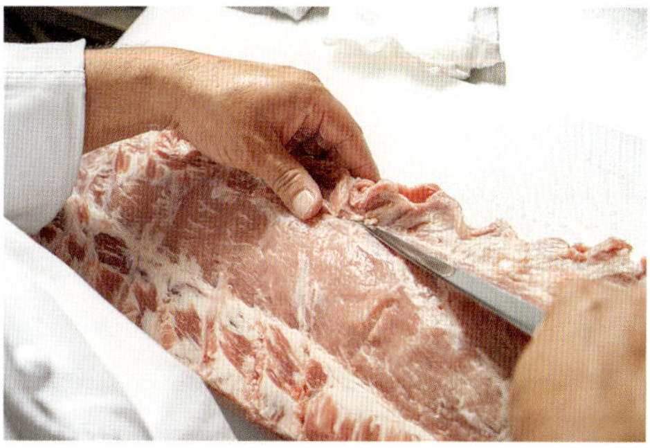

⑦ 露出した筋に沿って包丁を入れ、肩寄りの端まで切り開く。

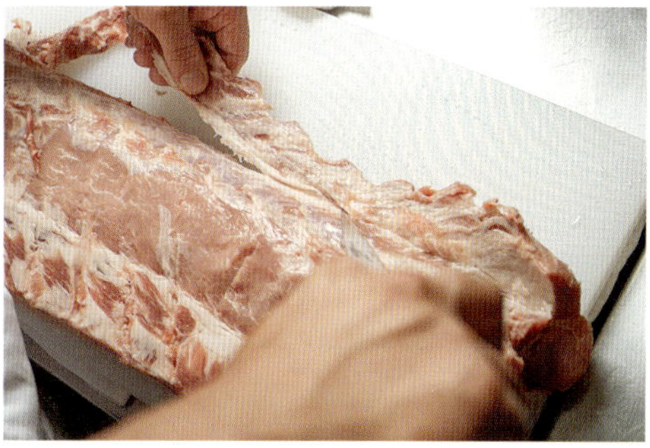

⑧ 開いた部分を切る。切り取った際に切り口に残った筋は、このあとの工程⑯で取り除く。

⑨ ⑥で露出した固い筋を包丁の先で浮かせる。

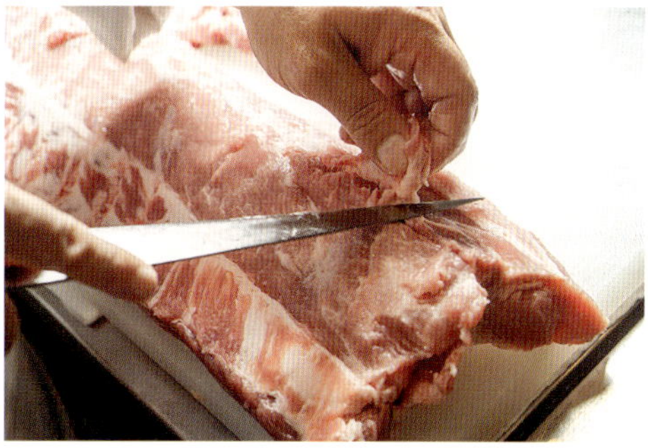

⑩ この筋を引っ張り出し、筋の下に包丁を入れて切り離していく。

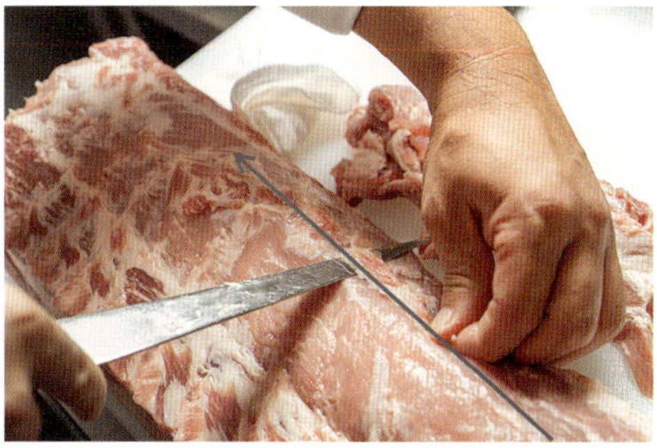

⑪ そのまま包丁を筋ののびる方向に進め、筋の終わりで切り取る。

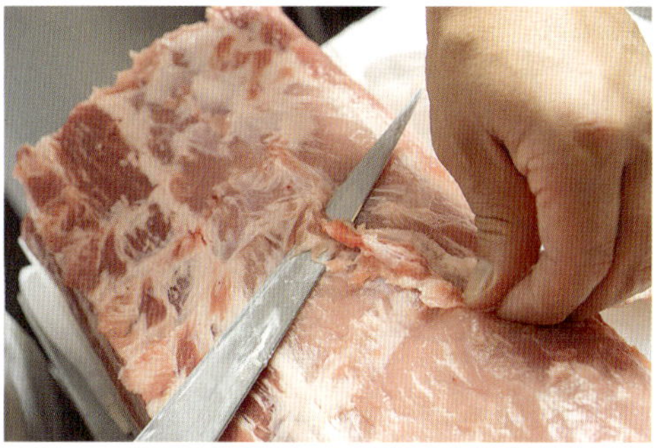

⑫ ロース芯の表面に残っている筋を切り取る。

⑬ ロース芯とあばらまわりとの境にある筋を、端から端まで包丁の先で浮かせて切り取る。この作業により、一直線に溝ができる。

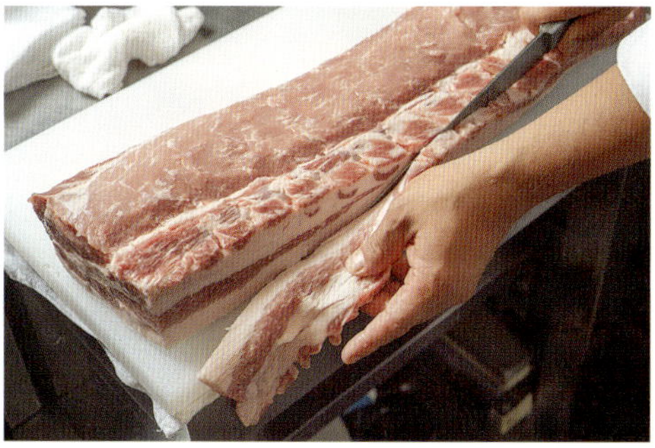

⑭ あばら側の端を切り取って形をととのえる。

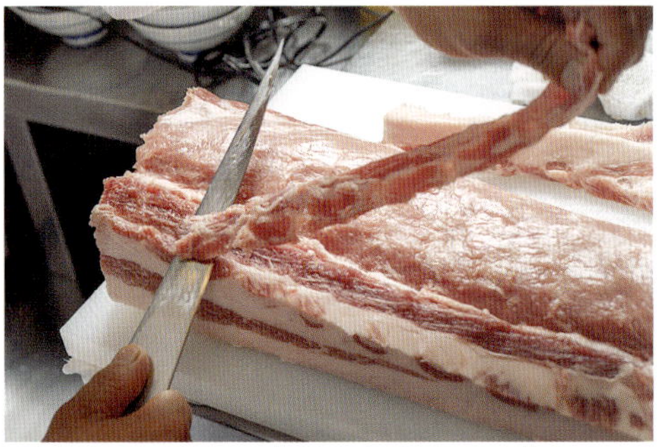

⑮ あばら側の表面（⑤でゲタを切り取った部分）を、ゲタの跡が見えなくなる程度にそぐ。

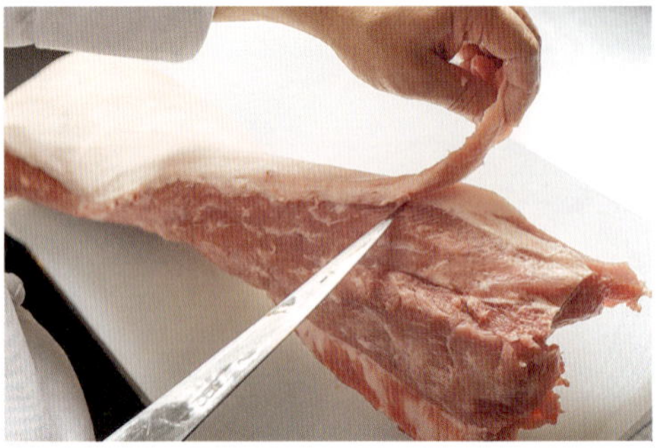

⑯ あばら側とは反対側の端を確認し、⑧の作業で残った筋をそいで形をととのえる。

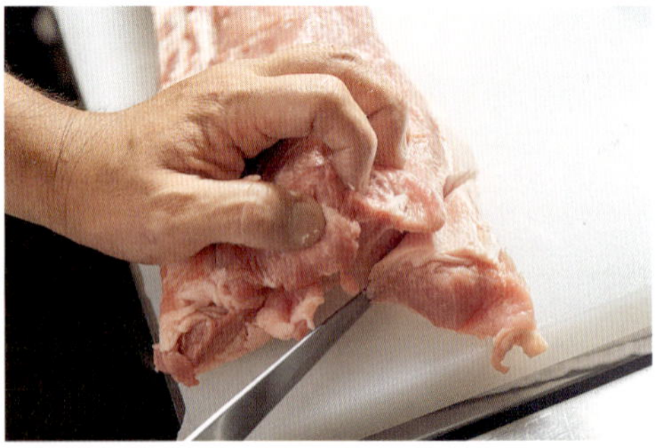

⑰ 腰につながる筋張った部分を赤身ごと切り落とす。

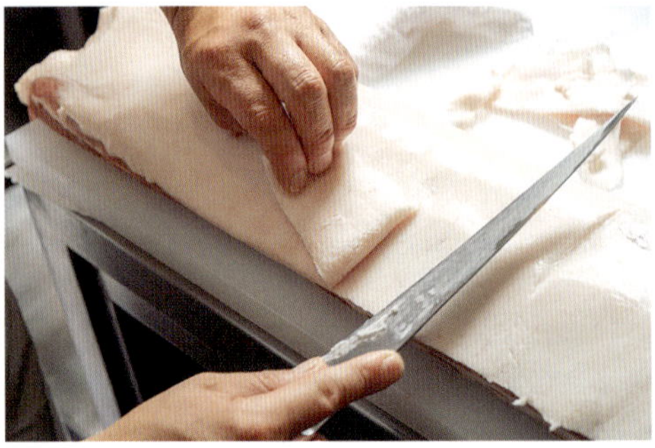

⑱ ひっくり返して背の脂身を上に向け、脂身を適当な厚さを残してそぎ落とす。

⑲ 掃除を終えた状態。奥があばら側。

⑳ 掃除を終えた肩側の断面。

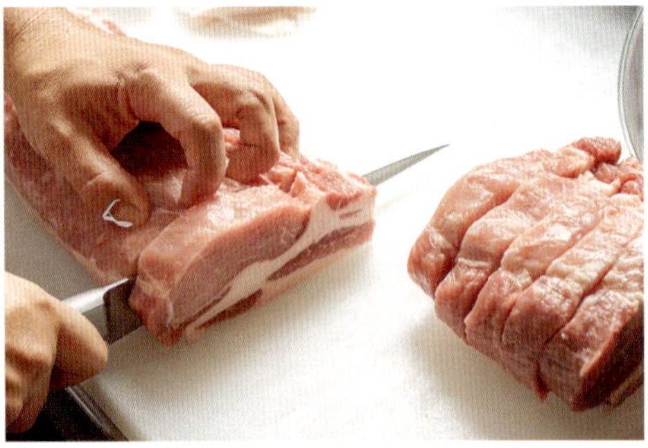

㉑ 1枚160gに切り分ける。

㉒ キッチンペーパーを敷いたバットに背の脂身を下にして置き、冷蔵庫で保管する。

ヒレ

筋は徹底的に除去。
なめらかで艶やかな身質に

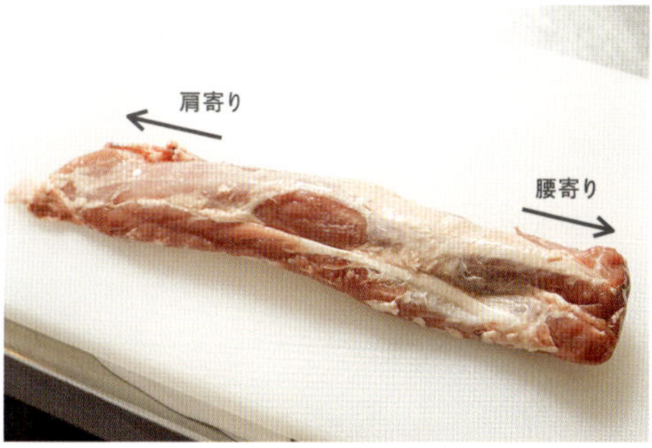

① 豚ヒレ肉を1本丸々用意する。写真は掃除前。薄い筋がついている側（外側）を上に向けた状態。

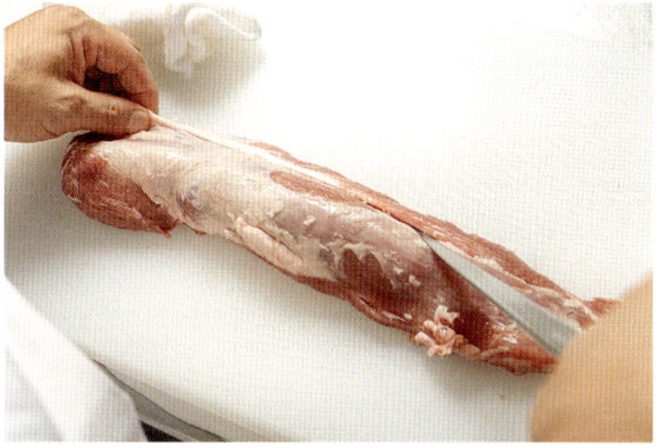

② ①と左右を入れ替えて置き、端にとおっている太い筋に沿って包丁を入れる。

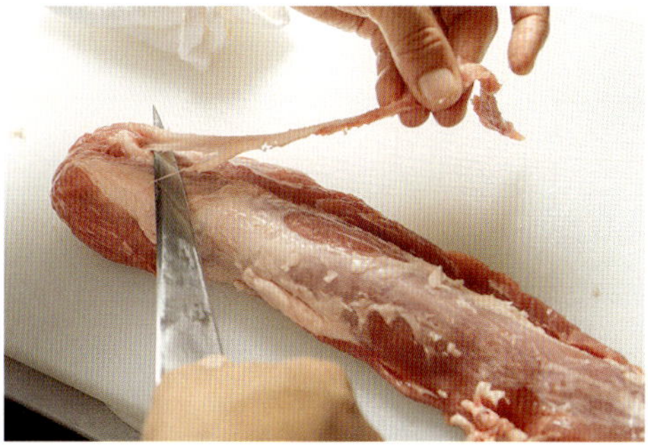

③ この筋を引っ張りながら包丁を入れて切り離し、腰寄りの端で切り落とす。

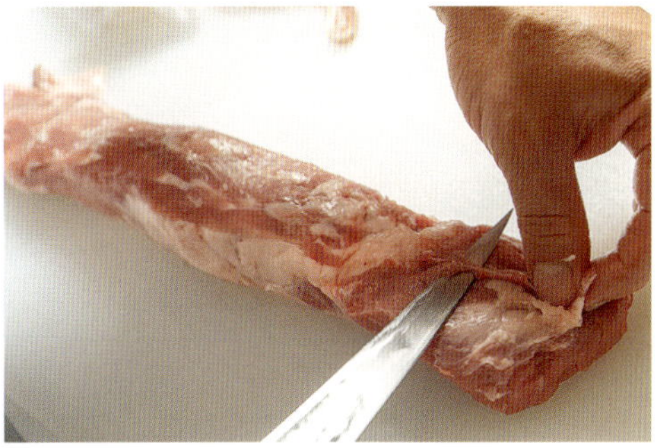

④ 左右を入れ替えてひっくり返し、内側を上に向ける。腰側からのびる筋を包丁の先で浮かし、切り取る。

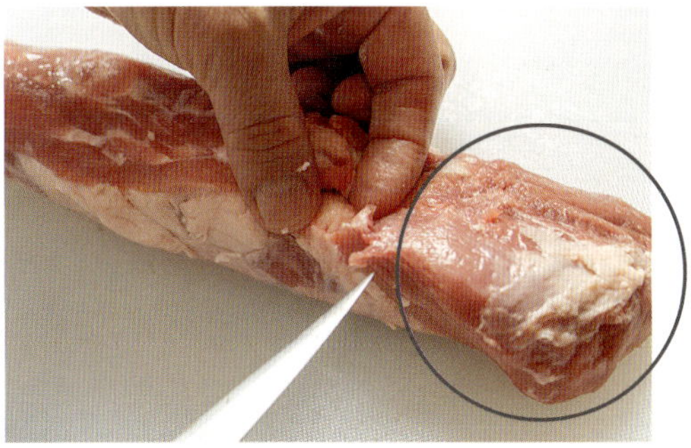

⑤ 腰寄りにある張り出した部分（みみ／写真の黒枠部分）のつけ根を確認し、筋を切り取る。小骨があればそれも取り除く。

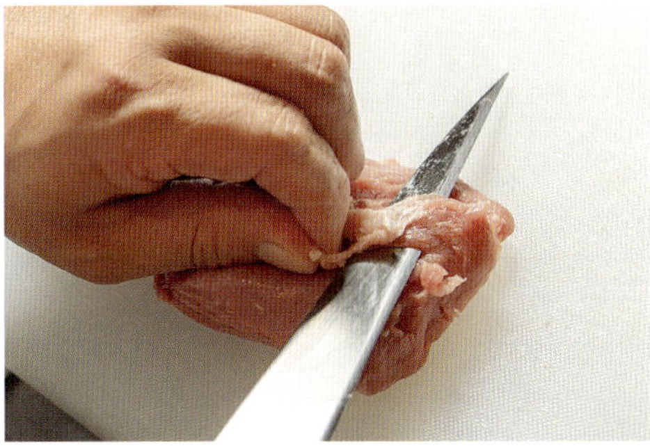

⑥ みみの表面の筋を切り取る。

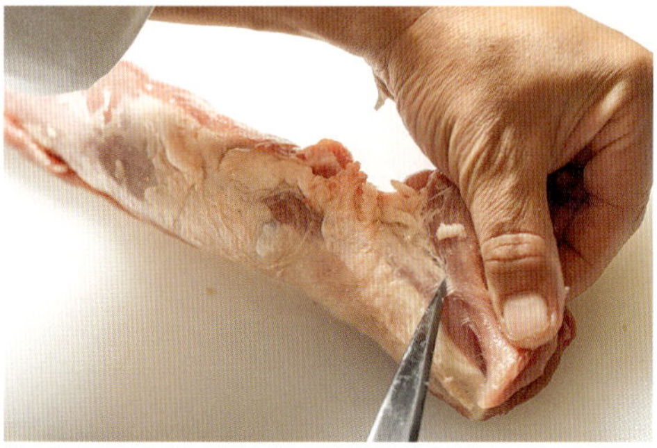

⑦ みみを持ち上げながら、その下の薄い筋に沿って包丁を入れ、端まで筋を露出させる。

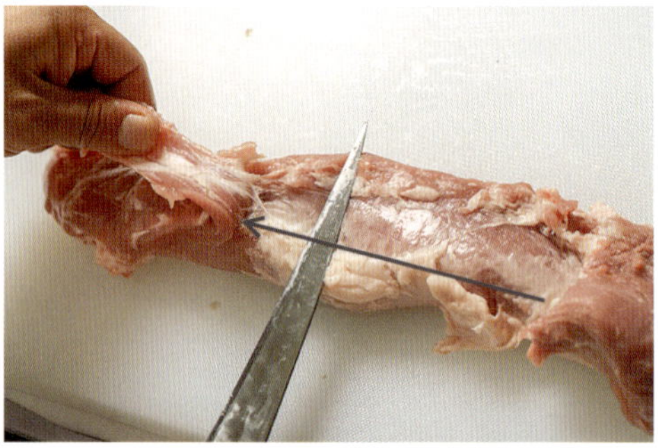

⑧ 露出した筋を端からつかみ、適宜包丁を入れながら筋を引っ張ってはずす。

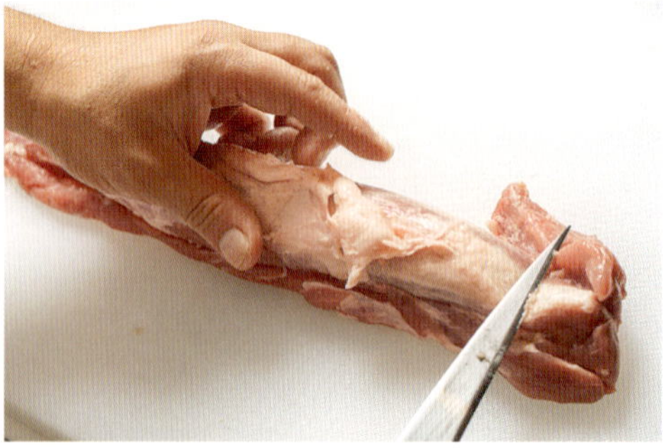

⑨ ひっくり返して外側を上に向ける。

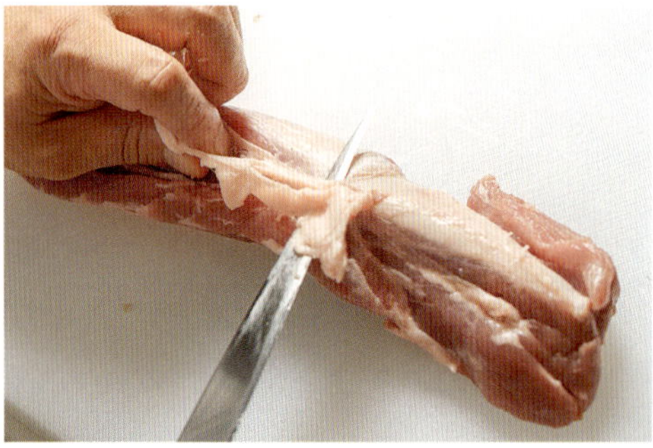

⑩ 適宜包丁を入れながら表面の筋を切り取っていく。

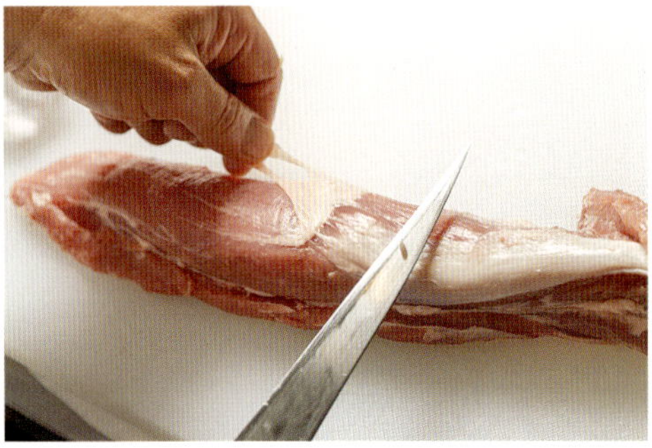

⑪ ⑩の作業により、腰側からのびる太い筋が露出する。

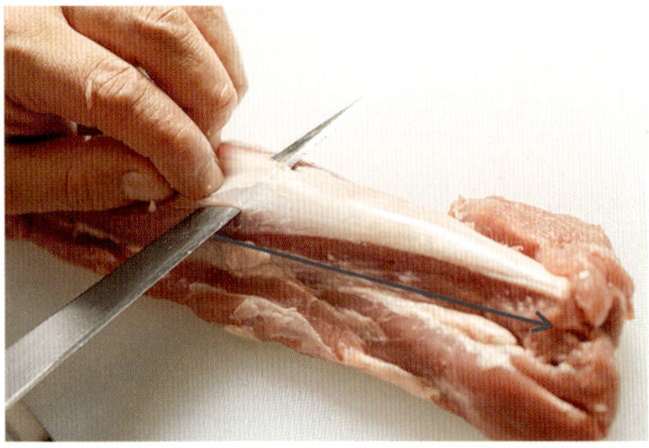

⑫ 露出した太い筋の下に包丁を入れ、肉がつかないように包丁をすべらせて筋の端を切り離す。

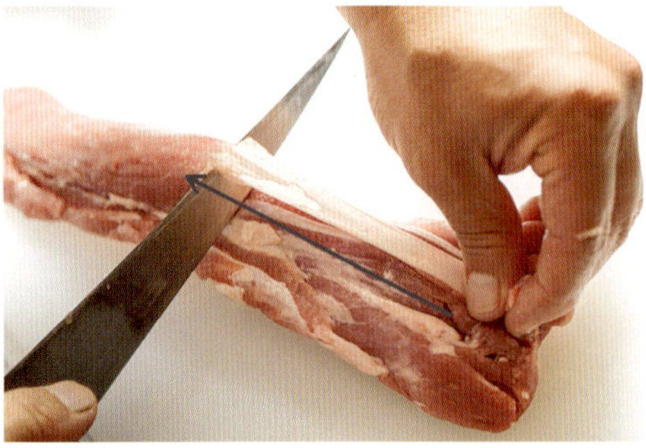

⑬ 切り離した筋の端を引っ張りながら、反対方向に包丁をすべらせて筋を切り取る。⑫～⑬をくり返し、露出した太い筋を完全に取り除く。

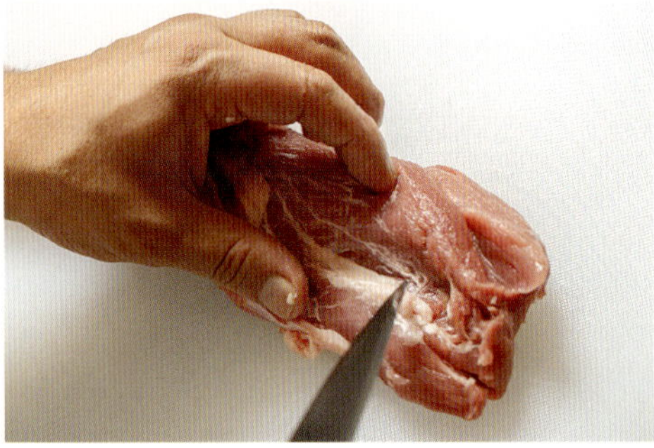

⑭ 肉の割れ目を指で広げ、内部にもぐっている筋を包丁の先で浮かせる。これを引っ張り出して切り取る。

⑮ みみの先端を確認し、表面の筋張った部分をそぎ落とす。

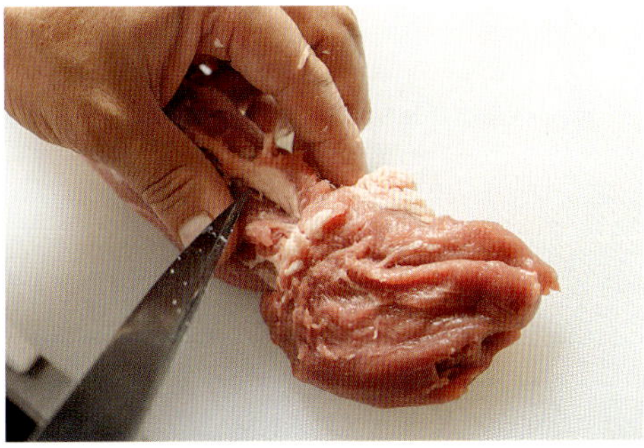

⑯ ひっくり返して内側を上に向け、みみのつけ根にある筋を包丁の先で浮かせる。

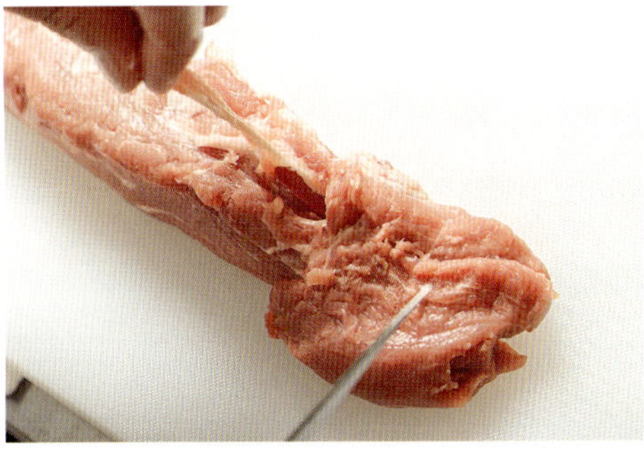

⑰ この筋を引っ張り出して切り取る。

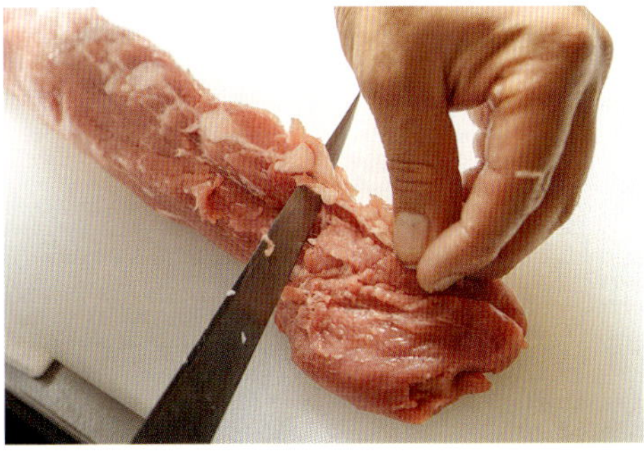

⑱ 内側を上に向けたまま、表面に残っている筋をそぐ。

⑲ 肩寄りの表面の筋もそぐ。

⑳ 掃除を終えた内側の状態。右が腰寄り（みみ側）。

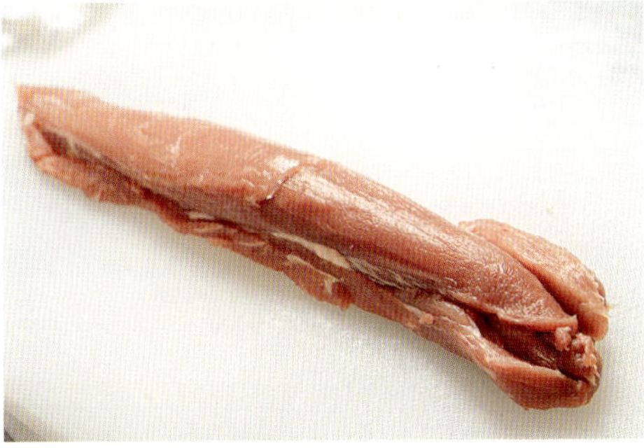

㉑ 掃除を終えた外側の状態。右が腰寄り（みみ側）。

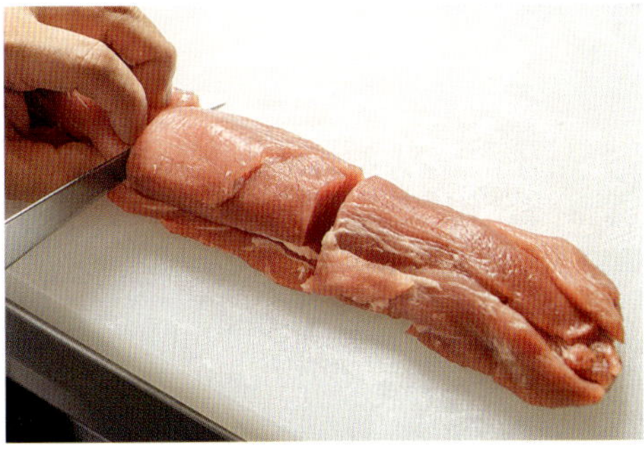

㉒ 1切れ160gに切り分ける。ロースと同様、キッチンペーパーを敷いたバットに移し、冷蔵庫で保管する。

豚肉の下処理（掃除）

ぽん多本家

［東京・御徒町］

ロース

大胆なトリミングで
“ロース芯”のみに加工

①豚ロース肉を1本丸々用意する。写真は掃除前の状態。

②ゲタ（あばら骨の跡の間についた肉）の表面の薄い筋を、一つひとつ切り取る。

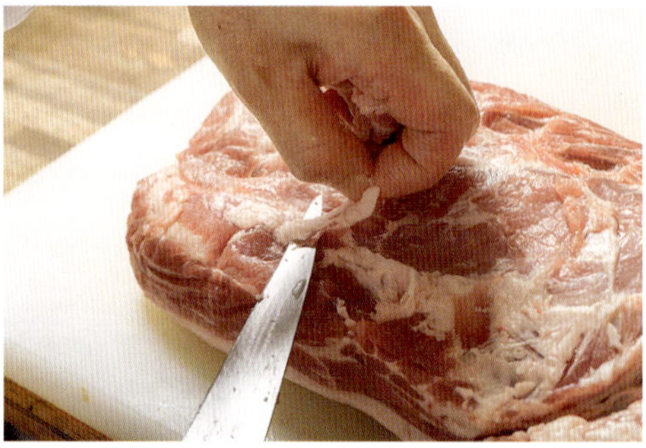

③腰寄りの部分の筋を切り取る。

④背の脂身を上に向け、脂身をそいで薄い筋を露出させる。

⑤肩寄りの端に指を入れ、ロース芯をおおうようについているかぶりをはがして持ち上げる。

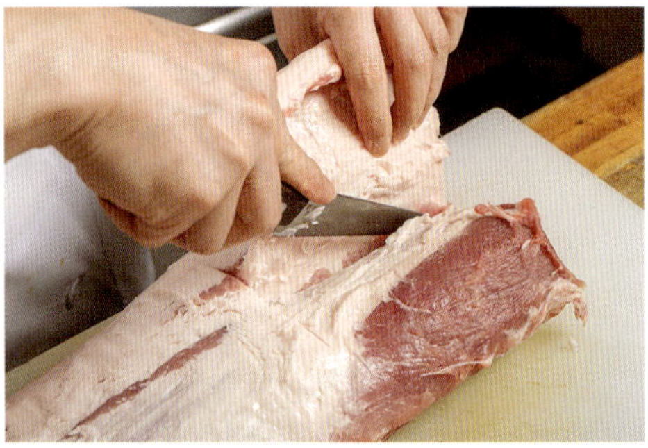

⑥かぶりを持ち上げたまま、ロース芯とそれ以外の部分との境に包丁を入れて切り離す。

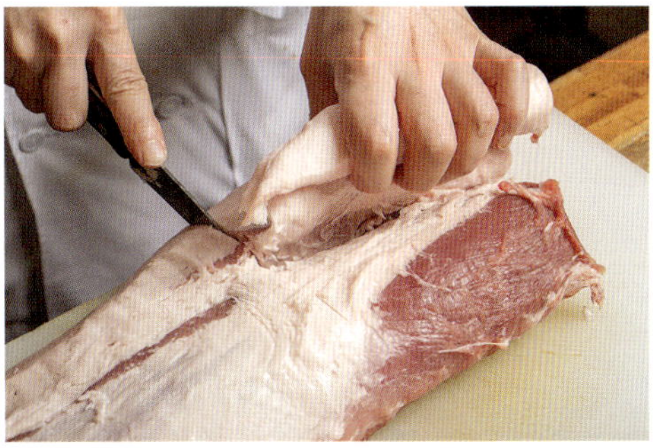

⑦ ⑥の切り離したラインに対して直角に包丁を入れ、ロース芯のまわりの肉をかぶりごと切り落とす。

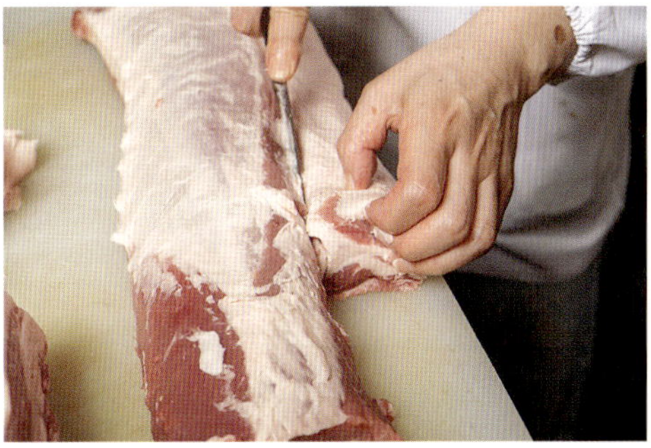

⑧ ロース芯とそれ以外の部分との境に沿って包丁を入れる。

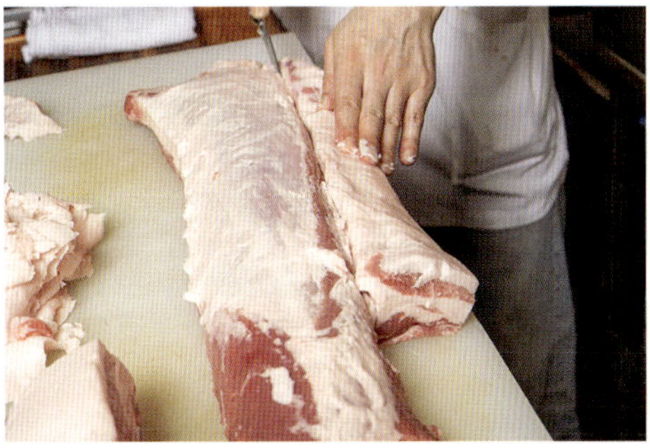

⑨ そのまま包丁を進め、ロース芯とそれ以外の部分に切り分ける。ロース芯のみをカツレツに、それ以外の部分は角煮などに使用する。

⑩ 表面を確認し、ロース芯の上に残っているかぶりをこそげるようにして取り除く。かぶりがなくなると全体に薄い筋が残る。

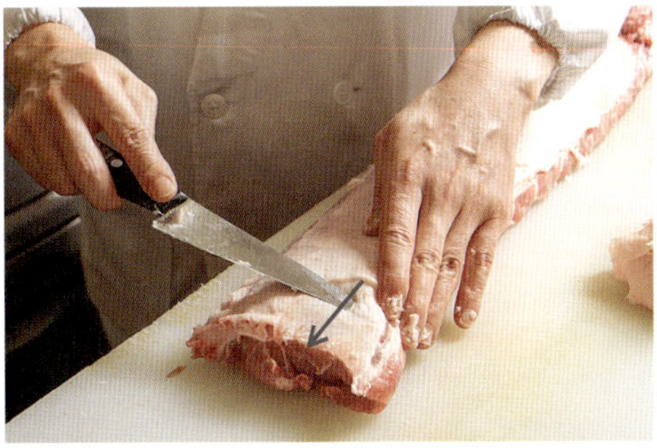

⑪ 表面の薄い筋を包丁で浮かし、端まで包丁を進めて切り離す。

⑫ 切り離した薄い筋の端を引っ張りながら、反対方向に包丁をすべらせて薄い筋を切り取る。

⑬ ⑪～⑫をくり返し、表面の薄い筋をすべて取り除く。

⑭ 1枚160gに切り分ける。

豚肉の下処理（掃除）

成蔵
【東京・高田馬場】

ロース

ロース1本を部分別に
3種類のメニューに展開

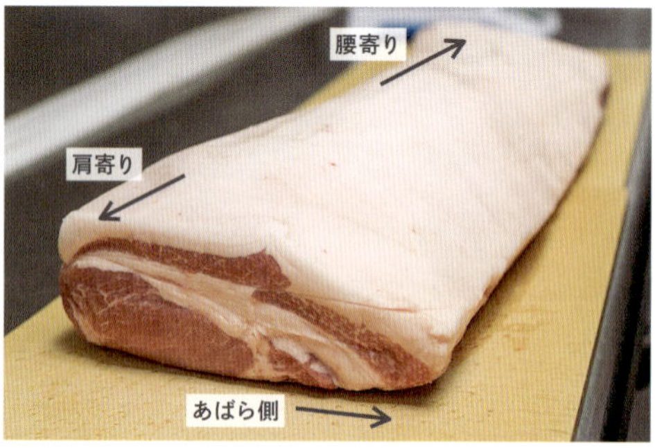

① 豚ロース肉を1本丸々用意する。写真は掃除前の状態。

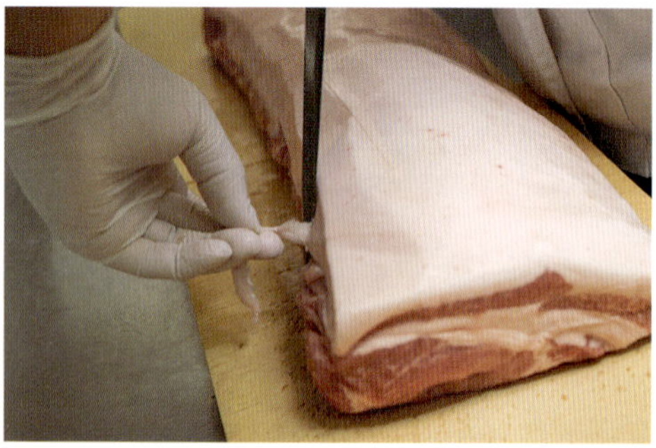

② あばらとは反対側の側面に包丁をすべらせ、余分な脂身をそいで形をととのえる。

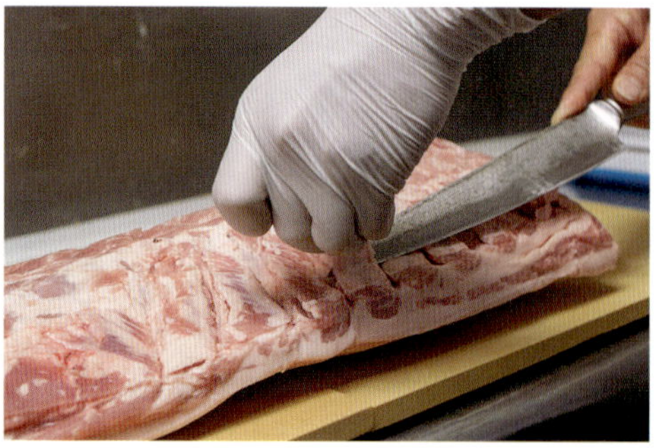

③ ひっくり返し、ゲタ（あばらの骨の跡の間についた肉）の表面の薄い筋を、一つひとつ切り取る。

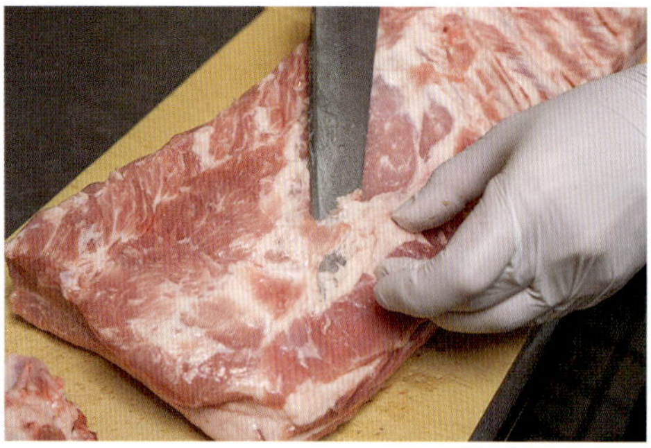

④ 腰寄りの部分に広がっている大きな筋を包丁で浮かせてそぐ。

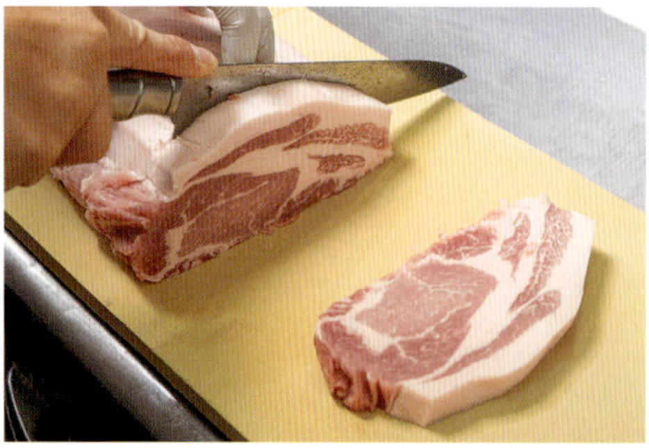

⑤ 肩寄りは1枚190g（「上ロース」として販売）、中央は1枚200g（「特ロース」同）、腰寄りは1枚140g（「ロース」同）に切り分ける。

⑥ 切り出した肉（筋切りした状態／66、68頁参照）。写真左は「ロース」、中央は「上ロース」に使用する。右は「特ロース」に使う部分を特別に250gに切り出したもの。

ヒレ

ヒレ1本の中央部分は、
ぶ厚く切り出して上位メニューに

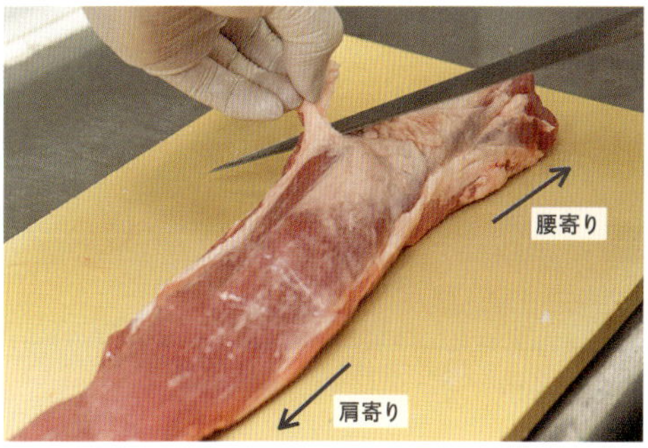

① 豚ヒレ肉を1本丸々用意する。薄い筋がついている側（外側）を上に向け、筋を切り取る。

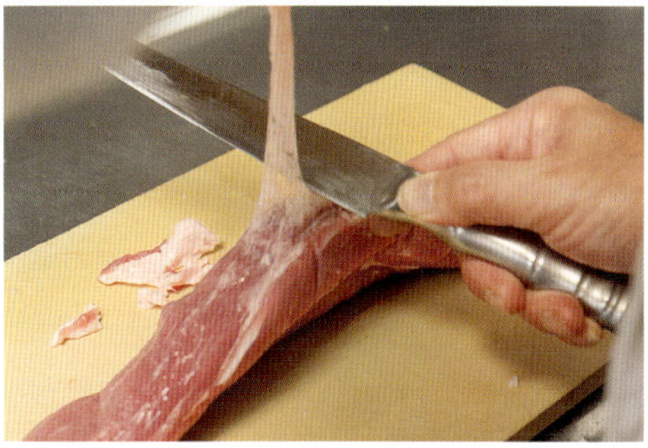

② 適宜包丁を入れながら薄い筋もはがし取る。次第に腰寄りの部分に太い筋が露出する。

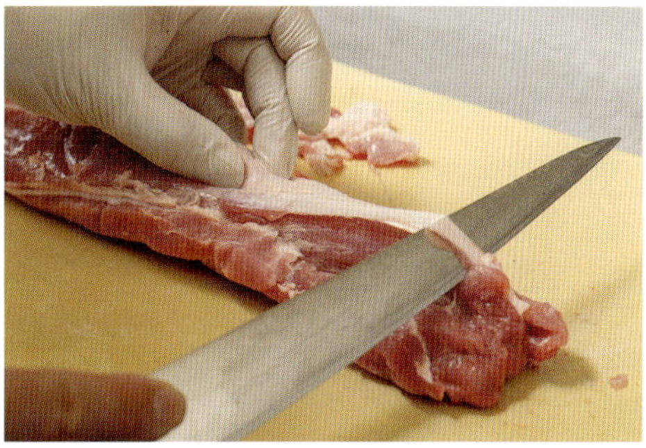

③ 露出した太い筋の下に包丁を入れ、包丁をすべらせて筋を切り取る。

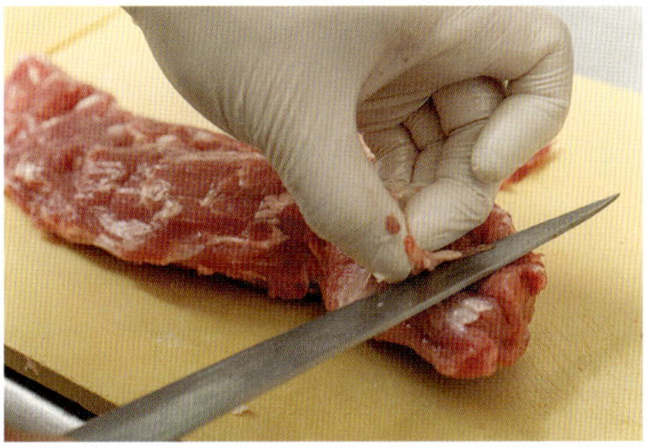

④ ひっくり返して内側を上に向け、腰寄りの端についた筋を切り取る。内側は、ほかに目立った筋がなければこれで掃除は完了。

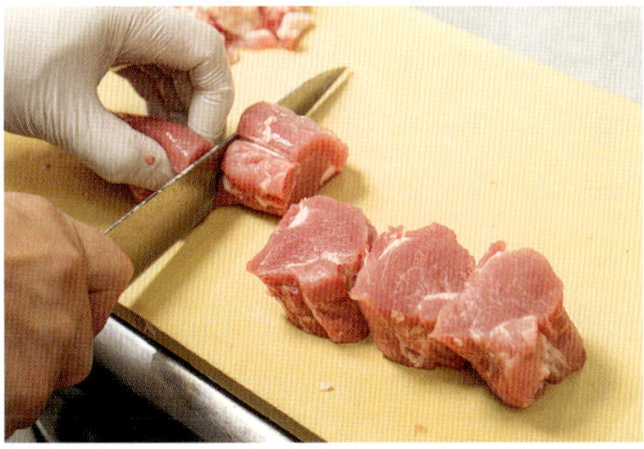

⑤ 中央部分は1切れ65g（「シャ豚ブリアンかつ」として販売）、それ以外の部分は1切れ35g（「ヒレかつ」同）に切り分ける。

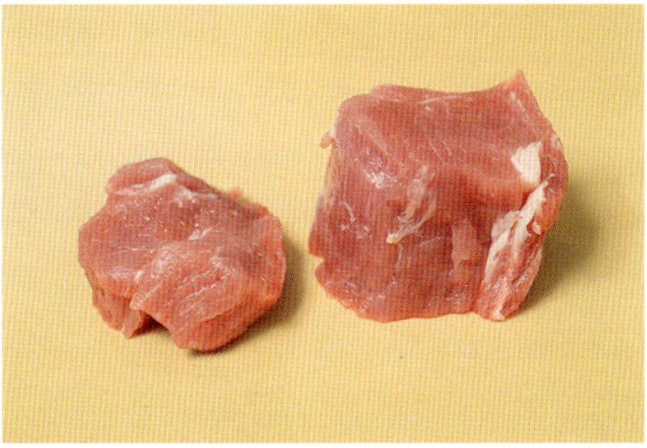

⑥ 切り出した肉。写真左は「ヒレかつ」、右は「シャ豚ブリアンかつ」に使用する。

豚肉の下処理（掃除）

ポンチ軒

【東京・神田】

ロース

あばら寄りと筋張った部分は大胆にカット。背の脂身はそのまま残す

① 豚ロース肉を1本丸々用意する。あばら骨の跡の終わりの部分（写真）に包丁をすべり込ませる。

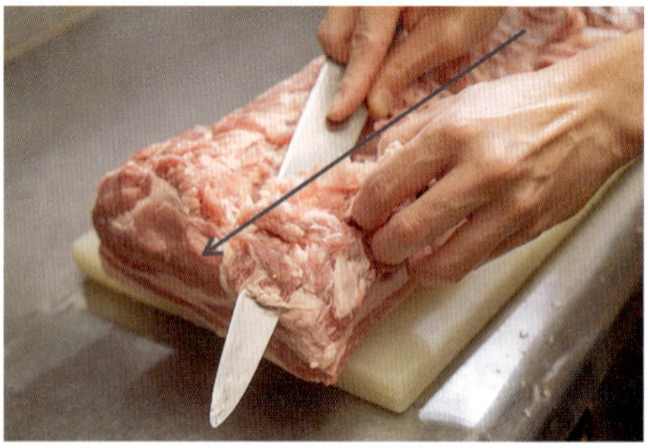

② そのまま肩寄りの端まで包丁を進め、ゲタ（あばら骨の跡の間についている肉）の部分を開く。

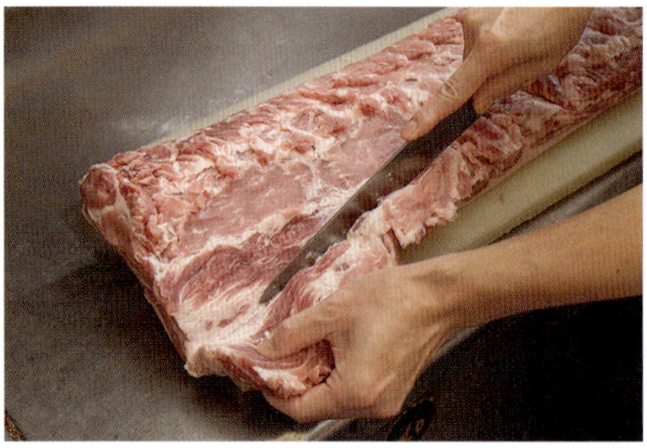

③ 開いた部分を切り落とす。

④ 端に残ったゲタの跡をそいで形をととのえる。

⑤ 腰寄りの部分に広がっている大きな筋を切り取る。

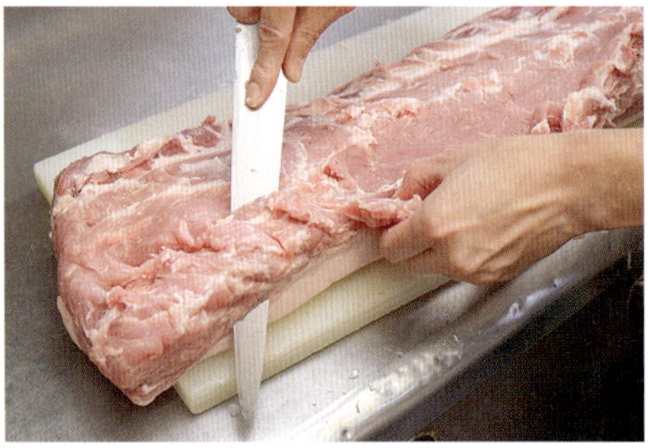

⑥ あばらとは反対側の、凹凸のある筋張った部分をそぎ落とし、凹凸をなくす。1枚160g、200g、350g以上の3サイズに切り分ける。

ヒレ

極力肉を傷つけず、目立った筋のみ取り除く

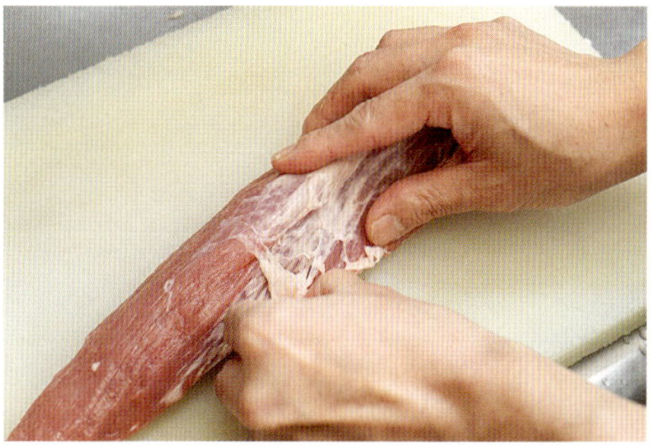

①豚ヒレ肉を1本丸々用意する。表面についている薄い筋を手で引っ張って取り除く。

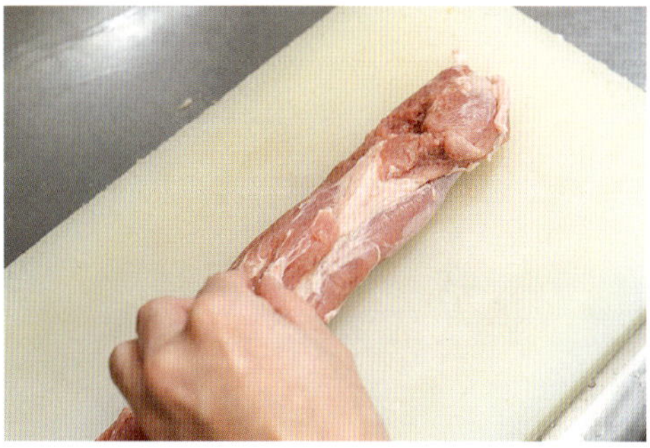

②①によって、腰寄りの部分に太い筋が露出する。

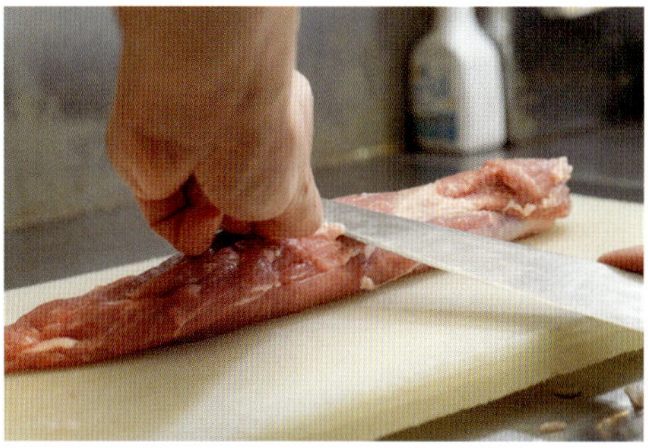

③露出した太い筋を上に向け、表面を確認してそのほかの目立った筋や軟骨を包丁で切り取る。

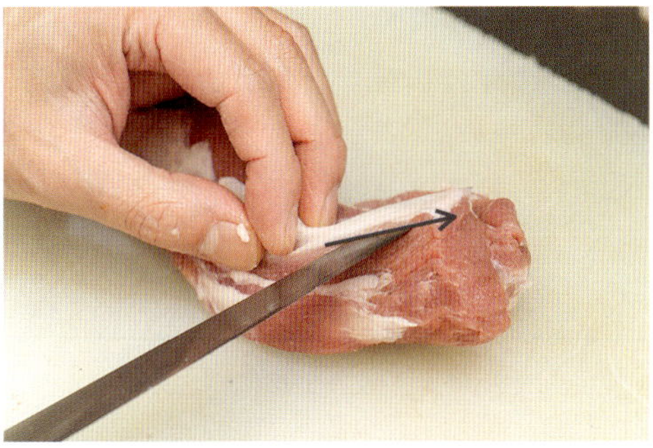

④太い筋の下に包丁を入れ、端まで進めて筋を切り離す。

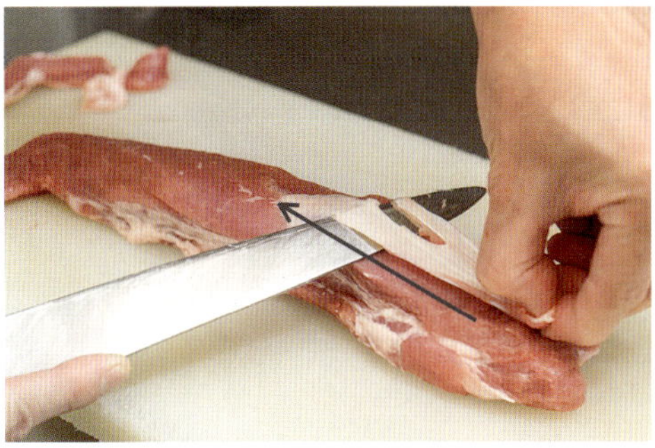

⑤切り離した筋の端を引っ張りながら、反対方向に包丁をすべらせて筋を切り取る。

⑥表面に残っている筋や軟骨を切り取る。内部にもぐっている筋は完全に取り除かなくてOK。「ヒレの筋はしっかり揚げればあまり気になりません」（橋本さん）。

豚肉の下処理（掃除）

かつ好【東京・人形町】

ロース

あばらまわりの肉は厚めにカット。
断面に端材を貼って保管時の乾燥を防ぐ

① 豚ロース肉を1本丸々用意する。肩寄りと腰寄りの端の部分を切り落として形をととのえ、背の脂身は表面をならす程度にそぐ。写真は作業後。

② ゲタ（あばら骨の跡の間についている肉）を、一つひとつ厚めに切り取る。切り取ったゲタは、唐揚げにしておつまみ的な一品として提供する。

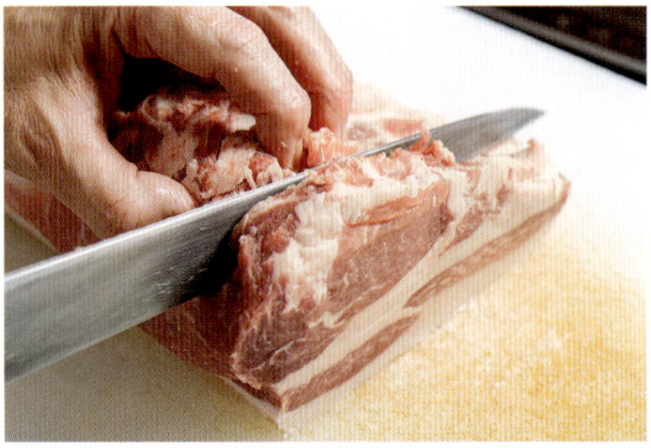

③ オーダーごとに切り出して使用する。

④ 保管するときは、断面の乾燥を防ぐために、①で切り取った端の肉を板状にしておき、それを断面に貼り付けてミートペーパーで包んでおく。

豚肉の下処理（掃除 ほか）

レストラン 七條

【東京・人形町】

掃除後、ロースは約1週間、ヒレは1〜2日間熟成させる

ヒレ

① 豚ヒレ肉を1本丸々用意する。目立った筋を切り取るなどして写真の状態まで掃除する。

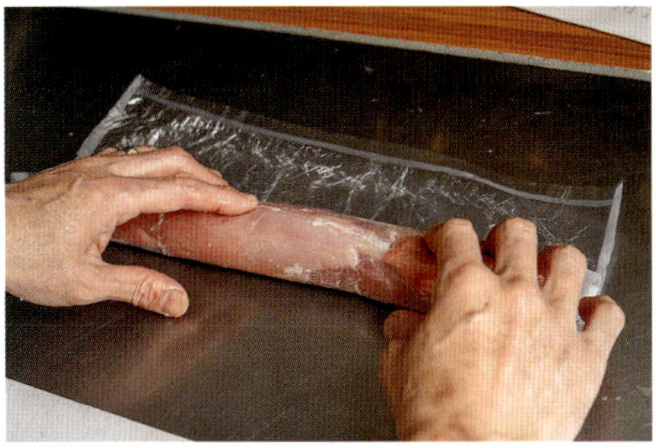

② ヒレはロースよりも水分が多いため、ミートラップではなく、より吸収力の高い吸水シート（写真）で巻き、冷蔵庫に1〜2日おいて熟成させる。ほどよく水分が抜けて、キメが細かく、もちっとした質感になり、色が少し茶色みがかったらOK。

ロース

① 豚ロース肉を1本丸々用意する。筋張った部分を切り取るなど適度に掃除し、腰寄り（写真）と肩寄りに大きく2つに切り分ける。腰寄りを「ロースカツ」に使う。ミートラップ（同）で包んで冷蔵庫に1週間程度おいて熟成させる。

② ほどよく水分が抜けて、キメが細かく、もちっとした質感になり、赤身の色が少し茶色みがかったらOK。それ以上状態が変わらないように、使いやすいサイズに切り分けて真空パックにして冷蔵庫で保管する。

ラードの抽出方法

ラードの抽出方法

ぽん多本家
［東京・御徒町］

**ロースから切り出した脂身を店で炊き、
風味豊かなラードを抽出。
老舗洋食店で受け継がれる伝統製法**

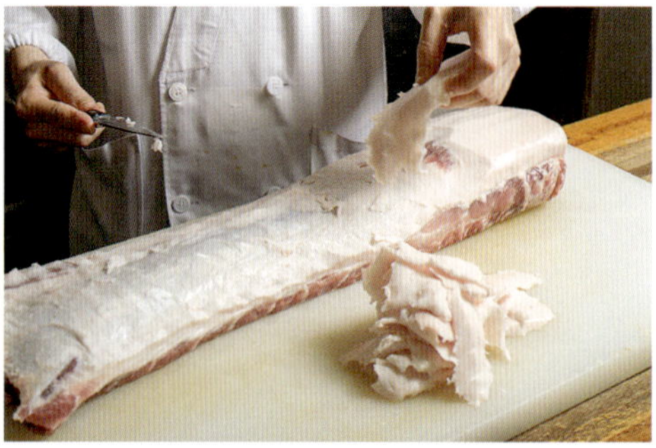

① 豚ロース肉の脂身を切り出す。背の脂身だけではなく、あばらまわりの脂身も使用する。

② 切り出した脂身をさらに細かく切り分け、鍋に入れる。同店では細かく切った牛脂も少量加える。

③ 事前に抽出したラードを鍋肌からまわしかけ、火をつける。ラードをかけるのは、焦げつきを防ぐため。

④ 焦げつかないように、ときどきかき混ぜながら炊く。状態の変化は加熱し始めはゆっくりだが、後半になると一気に進むので注意。

⑤ 写真は炊き始めてから40分ほど経った状態。脂身から油が抽出され、そのぶん脂身は小さくなる。

⑥ 写真は炊き始めてから1時間ほど経った状態。これ以上炊くと、油の抜けた脂身（カス）が焦げて抽出した油に余計なにおいがついてしまうので注意。

⑦ 火を止めて、網を重ねたキッチンペーパーで漉しながら抽出した油をボウルに移す。

⑧ 鍋に残ったカスをマッシャーに入れてプレスし、油を搾り取る。搾り取った油はいったん鍋に入れ、のちに⑦と同様にして漉す。プレスし終えたカスは捨てる。

抽出したラードはこがね色で、サラッとした状態。

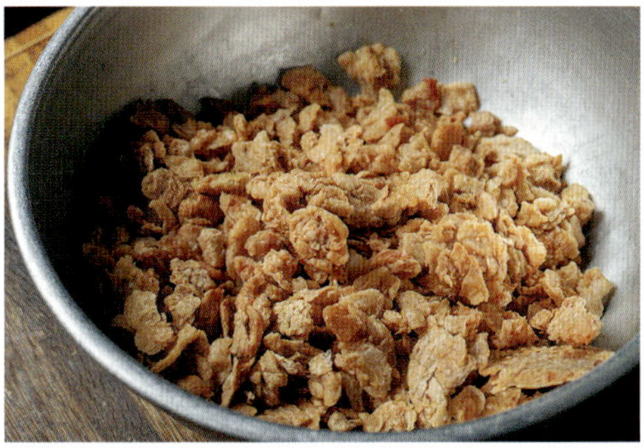

油を搾り取って残ったカスは、ベタつきがなく、乾いたような状態になる。

ラードは融点が低いため、常温においておくと冷えて白く固まる。適宜、鍋やフライパンに移し、温め直して使用する。

基本のとんかつ
とんかつ&フライの
バリエーション

とんかつ店

38 かつ好
52 すぎ田
62 成蔵
74 ポンチ軒

洋食店

92 ぽん多本家
104 レストラン 七條
118 フリッツ
130 レストラン サカキ

とんかつ店

かつ好

［東京・人形町］

2016年11月、かつて東京・恵比寿で人気を博した「かつ好」が、人形町の地で復活を遂げた。店主の水上彰久さんが板場に立ち、渾身のとんかつをアラカルトとコースで提供。とくに夜はコースの支持が高く、〝とんかつ屋らしくないとんかつ屋〟をめざしたという落ち着いた和の空間も相まって、会食や接待の利用にも好評だ。なお、静岡市にあるとんかつの繁盛店「水塩土菜」は、かつ好の別ブランド。

メニュー（抜粋）

ロースかつ ---------110g　1450円
---------150g　1850円
---------200g　2650円
---------別格250g ～　3650円～
ヒレかつ -----------110g　1700円
-----------150g　2100円
-----------200g　2900円
-----------別格250g ～　3900円～
しゃぶ巻きかつ ----1800円
三色美彩-----------1800円
かろみかつ ---------2200円
車海老-------------700円
牡蠣---------------700円
塩コロッケ----------250円
ご飯・おつけもの ---250円
汁わん -------------250円
コース -------------4000円、5000円、6000円

下味はつけず、薄衣で肉本来の味をとじ込める。食事にも飲みにも応える、間口の広い店を志向

オフィスビルと住宅が混在するエリアの路地裏に立地。店舗は2フロアの構成で、1階はカウンター席、2階（左写真）はテーブル席になっている。

かつ好

東京都中央区
日本橋人形町 3-4-11
☎03-6231-0641

「恵比寿の『かつ好』（現在は閉店）に行ったとき、とんかつを塩で食べさせることに衝撃を受けたんです。それは、とんかつによほど自信がないとできないこと。すっかり魅了されてこの道に入りました」

そう語るのは、店主の水上彰久さん。かつて「とんかつの鬼」と呼ばれた先代の長澤好朋さんとともに、かつ好を引っ張ってきた水上さんのとんかつは、サクッと軽やか。衣は薄く、肉にぴたっと貼り付いた、隙間のない仕上がりが身上だ。金串を刺して卵液にくぐらせた肉を、びしっ、びしっと上下に何度もふって余分な卵液を徹底的に落とす。「粉も卵液も、しっかりとつけて、しっかりと落とす。それが基本です」と水上さん。

肉は味わいの豊かなものを仕入れ、塩やコショウはふらない。ロースであれば脂身を充分に残し、肉の味を存分に生かす。薄い肉を揚げるときは1つの鍋で、厚い肉のときは温度差をつけた2つの鍋を使って高温の鍋から揚げ始める。「衣の中で肉を蒸し上げるイメージです」と水上さん。油から引き上げた段階で、とんかつのできは9割5分。そこからバットに置き、余熱による火入れで2分5厘、同時に進める油ぎりで2分5厘を加味し、完成させる。

「一連のプロセスは、作業ではなく仕事。そして、ランチタイムはその限りではありませんが、慌てるといい仕事はできません。とくに揚げている間は、集中してじっくりと構えていないといけない。いい仕事をして、喜んでいただける料理を出す。料理を楽しみながら、ゆっくりとくつろいでいただけるようなとんかつ屋でありたいですね」

味はもちろんだが、使い勝手のよさもかつ好の魅力だ。たとえば、とんかつはロース、ヒレともに、110g、150g、200g、250g以上の4つのサイズで展開。食事としてだけではなく、酒のアテにもなるように、また女性にも訴求しやすいようにとの考えに基づく構成だ。加えて、サラダやおつまみなどをそろえるほか、品数の異なる3つのコースメニューも用意。コースの注文率は、夜は7割という人気ぶりで、接待利用にも好評だ。

「とんかつを4サイズにしたことで仕事は増えますし、一方でていねいな仕事をつねに心がけたいですから、今以上にメニューを増やすことは難しい。しかし、現在のかたちでも、さまざまな客層や利用動機に応える、とんかつ屋にしては間口の広いスタイルを打ち出していると思います」

先代がコレクションしていた酒樽を内装の資材に。カウンターには酒樽の腹板、壁には底板を用いた。ランプシェードにも酒樽のパーツを活用。

揚げ油

コーン油とゴマ油のブレンド。
さっくり軽やかに揚げる

コーン油とゴマ油を6.5対3.5でブレンドした油を使用。「さっくりと軽やかに揚げ上がり、ゴマ油ならではの風味も魅力」と水上さん。先代のころは大豆油を使うこともあったそう。揚げ鍋は銅鍋で、大きいものを2つ、その間に小さいものを1つ配置。基本的には大きな鍋2つを使い、一方は高温、もう一方はそれよりもやや低い温度に設定し、ぶ厚い肉は2つの鍋を行き来させるほか、素材や材料の厚みに応じて鍋を使い分けて多様なメニューに対応している。なお、小さな鍋はカキフライなど比較的油が汚れやすいメニューに使用し、こまめに油を取り替える。

肉

銘柄は指定せず、品質重視。
適度なサシ、ハリのある脂身

豚肉は国産に限定するが、銘柄は指定せず、そのとき状態のよいものを仕入れている。産地で多いのは、三重県、岐阜県、静岡県、群馬県。冷凍肉や、水分量の多い、いわゆる“水豚”はもちろんNGだ。ロースもヒレも同様の考え方で仕入れるが、ロースに関しては赤身に適度にサシが入っていることと、脂身にハリがあること、ヒレに関しては肉質がしっとりしていることを、品質を確認するうえで重視している。「そうした肉質の豚を、先代は“美人豚”と呼んでいました。ロースに関しては、『ふっくらとしている』とも表現していましたね」と水上さん。

提供方法

単品とコースで異なる盛り付け。
メニューに応じた多彩な食べ方

とんかつは、単品ではキャベツとともに大きな皿にのせて提供。コースの場合は、オリジナルの銅皿にとんかつのみをのせ、キャベツは先行して別皿で提供する。とんかつソースとドレッシング、醤油をテーブルに用意するが、メニューごとに多彩な食べ方を提案するのが同店のスタイル。福井県産の「地がらし」を練った和がらし、自家製の梅塩、おろしポン酢など、メニューに合った調味料を料理に添える。レモンをたっぷりと絞った食べ方を推奨する「かろみかつ」(P.46)では、種が落ちないようにレモンを網状のペーパーで包んで提供するなどユニークなアイデアも。

衣

粉は卵白粉入りの強力粉。
パン粉は粗く、軽い揚げ上がり

粉は強力粉に卵白粉を配合したミックス粉を使用。卵白粉の成分によって、一般的な小麦粉よりも肉にぴたっと貼り付くそう。パン粉は、粗めの生パン粉をチョイス。「もっちり、しっとりではなく、揚げ上がりがさくっと軽やかになるもの。そして、油ぎれのよいもの」というリクエストで特注したものだ。静岡市にある系列のとんかつ店「水塩土菜」では地元のパン店に製造を依頼しているが、東京進出にあたっては新たなメーカーも開拓。現在は、静岡のパン店のものと、それをベースとする仕様で都内のパン粉メーカーに特注したものを併用している。

ロースかつ 200g

使用する豚肉は、ロース1本の中の脂ののりがよい肩寄りの部分。
下味はつけず、肉本来の味わいをアピールする。写真は 200g だが、
250g 以上のぶ厚いとんかつを「かつ好」では「別格」と呼ぶ。

材料

《1皿分》
豚ロース肉 (P.32) …1枚 (200g)
強力粉 (卵白粉入り) …適量
卵液 (牛乳入り)*… 適量
パン粉…適量
揚げ油 (コーン油とゴマ油を6.5対3.5の割合でブレンド)…適量

添えもの／せん切りキャベツ (大葉入り)、レモン、和がらし

* 全卵7個と牛乳400gを泡立て器でしっかりと混ぜ、漉し網で漉す。

調理の流れ

たたく ▶ 成形・筋切り ▶ 強力粉 (卵白粉入り) ▶ 卵液 (牛乳入り)
▼
パン粉 ◀ 揚げ 170〜175℃ ◀ 揚げ 165〜170℃→175℃以上 ◀ 余熱

肉にぴたっと
貼り付いた
ごく薄の衣

① 豚ロース肉は片面を肉たたきで軽くたたいて平らにならす。

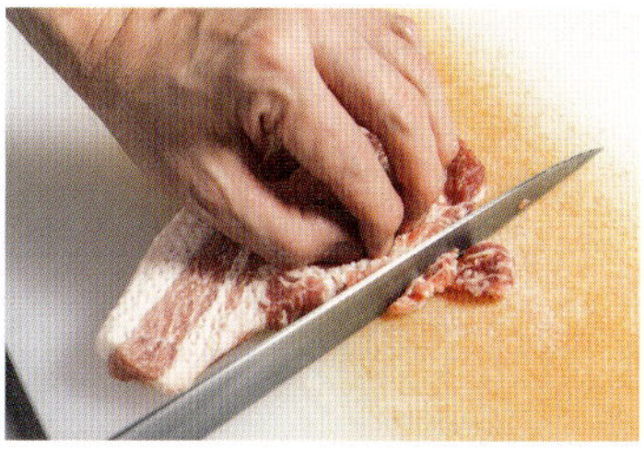

② 下部の筋っぽい部分を切り落とす。

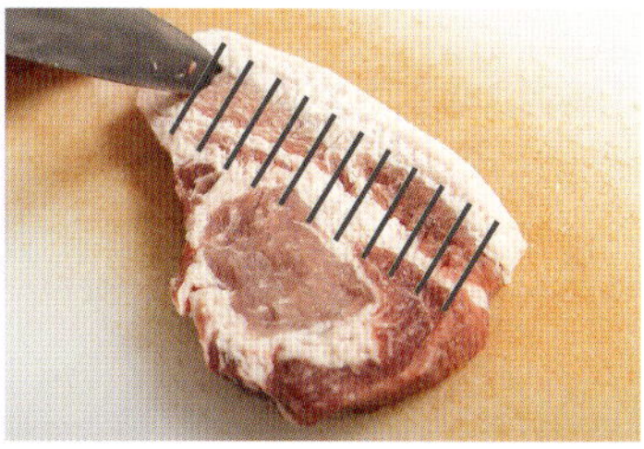

③ 包丁の切っ先を使って筋切りする。筋切りは両面行う。

④ 強力粉をまぶし、手ではたいて余分な粉を落とす。

⑤ 金串を使って卵液にくぐらせ、上下に何度もふって余分な卵液をしっかりと落とす。

⑥ パン粉をたっぷりとつけてバットに移す。

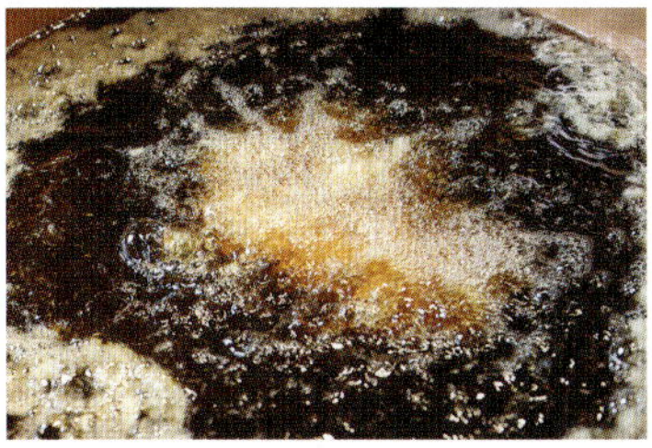

⑦ 170〜175℃の揚げ油に入れ、衣が固まるまで3〜4分程度揚げる。この間、肉にはさわらないこと。

⑧ 衣が固まったら165〜170℃の揚げ油に移し、徐々に温度を上げながらさらに5分程度揚げる。揚げ上がり時の油の温度は175℃以上をイメージ。

⑨ 網を敷いたバットに移してやすませ、油をきりながら余熱で火を入れる。この工程は1分30秒〜2分ほど。仕上げにとんかつを箸で持ち上げてさっと油をきる。切り分けて皿に盛り付ける。

調理のポイント

\ POINT 1 /
全卵に牛乳を混ぜる

全卵に牛乳を混ぜるのは、牛乳によって豚肉独特の臭みを取り除くのが主要な目的。上質かつ鮮度のよい肉のため基本的に臭みはないが、このひと手間で万全を期す。また、牛乳によって卵液の濃度をゆるめ、衣を薄くするという狙いもある。

\ POINT 2 /
たたいて均一な厚みに

肉をたたくのは、繊維をたってやわらかくするのが目的ではなく、厚みをととのえて平らにすることで火を均一に入れやすくするため。

\ POINT 3 /
粉と卵液の層は極力薄く

強力粉を薄くつけるのはもちろん、余分な卵液も徹底的にふり落として卵液を薄くまとわせる。パン粉と肉の間にできる黄色い層が厚くならないように心がける。揚げ上がりの断面を確認したとき、パン粉と肉が直接ふれているように見えるのが理想（上写真）。

\ POINT 4 /
2つの鍋で調理＋余熱

厚みのある肉は、まず高温の揚げ油に入れて衣を固める。その後、それよりもやや低めの揚げ油に移して火を入れ、そのまま温度を上げて高温で揚げきる。鍋から引き上げた段階で9割5分完成しているイメージ。バットに移してからの油きりと余熱による火入れで完成形にもっていく。

ヒレかつ 200g

ロースかつにも見える板状のフォルムが特徴的な「かつ好」のヒレかつ。丸形や棒状に比べ、口にしたときのパン粉の割合が多くなり、苦手な人もいるヒレ肉特有の香りがほどよくマスキングされる。使用するのは、ヒレ1本の中でもとくにやわらかい中央部分の肉。

材料

《1皿分》

豚ヒレ肉*1…1切れ（200g）

強力粉（卵白粉入り）…適量

卵液（牛乳入り）*2…適量

パン粉…適量

揚げ油（コーン油とゴマ油を6.5対3.5の割合でブレンド）…適量

添えもの／せん切りキャベツ（大葉入り）、レモン、和がらし

*1 豚ヒレ肉は1本丸々仕入れ、筋や脂身を切り取るなど写真の状態まで事前に下処理をし、ミートペーパーで包んで少し水分を抜いておく。

*2 全卵7個と牛乳400gを泡立て器でしっかりと混ぜ、漉し網で漉す。

調理の流れ

成形 ▶ たたく ▶ 強力粉（卵白粉入り） ▶ 卵液（牛乳入り） ▶ パン粉 ▶ 揚げ 170〜175℃ ▶ 揚げ 165〜170℃→175℃以上 ▶ 余熱

ヒレ肉を開いて板状のフォルムに

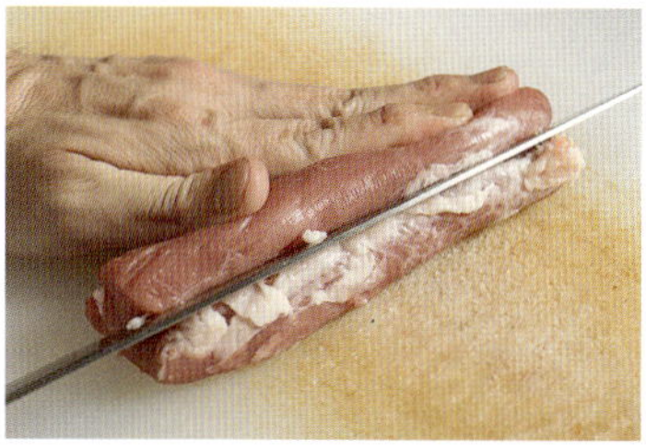

① 豚ヒレ肉は横から切り込みを入れ、開く。

② 開いた内側の面を上にして置き、肉たたきで軽くたたいて平らにならす。

③ 強力粉をまぶし、手ではたいて余分な粉を落とす。

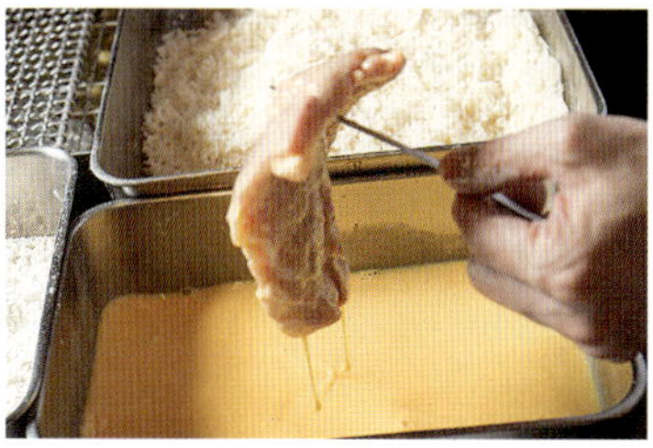

④ 金串を使って卵液にくぐらせ、上下に何度もふって余分な卵液をしっかりと落とす。

⑤ パン粉をたっぷりとつけてバットに移す。

⑥ 170～175℃の揚げ油に入れ、衣が固まるまで3～4分程度揚げる。この間、肉にはさわらないこと。

⑦ 衣が固まったら165～170℃の揚げ油に移し、徐々に温度を上げながらさらに4～5分程度揚げる。揚げ上がり時の油の温度は175℃以上をイメージ。

⑧ 網に移してやすませ、油をきりながら余熱で火を入れる。この工程は1分30秒～2分ほど。

⑨ 仕上げにとんかつを箸で持ち上げてさっと油をきる。切り分けて皿に盛り付ける。

調理のポイント

＼POINT 1／

全卵に牛乳を混ぜる

全卵に牛乳を混ぜるのは、牛乳の作用によって豚肉独特の臭みを取り除くのが主要な目的。上質かつ鮮度のよい肉のため基本的に臭みはないが、このひと手間で万全を期す。また、牛乳によって卵液の濃度をゆるめ、衣を薄くするという狙いもある。

＼POINT 2／

独特な形、均一な厚みに

ヒレ肉を開き、独特な形に仕上げる。開いたのちに肉をたたくのは、繊維をたってやわらかくするのが目的ではなく、厚みをととのえて平らにすることで火を均一に入れやすくするため。

＼POINT 3／

粉と卵液の層は極力薄く

強力粉を薄くつけるのはもちろん、余分な卵液も徹底的にふり落として卵液を薄くまとわせる。パン粉と肉の間にできる黄色い層が厚くならないように心がける。揚げ上がりの断面を確認したとき、パン粉と肉が直接ふれているように見えるのが理想（上写真）。

＼POINT 4／

2つの鍋で調理＋余熱

厚みのある肉は、まず高温の揚げ油に入れて衣を固める。その後、それよりもやや低めの揚げ油に移して火を入れ、そのまま温度を上げて高温で揚げきる。鍋から引き上げた段階で9割5分完成しているイメージ。バットに移してからの油きりと余熱による火入れで完成形にもっていく。

かろみかつ

衣のサクサク感が主張する、肉の厚みを抑えた軽やかな一品。
厚さ7㎜・75gほどのロース肉を使ったとんかつをひと皿に2枚盛り付ける。おつまみ感覚で楽しめ、酒のあてとしても人気だ。大根おろし+レモン汁+少量の醤油で食べるのがおすすめ。

材料

《1皿分》
豚ロース肉（P.32）…2枚（1枚75g）
強力粉（卵白粉入り）…適量
卵液（牛乳入り）*…適量
パン粉…適量
揚げ油（コーンと油とゴマ油を6.5対3.5の割合でブレンド）…適量

添えもの／せん切りキャベツ（大葉入り）、レモン、和がらし、大根おろし、わさび

＊ 全卵7個と牛乳400gを泡立て器でしっかりと混ぜ、漉し網で漉す。

調理の流れ

たたく ▶ 成形・筋切り ▶ 強力粉（卵白粉入り） ▶ 卵液（牛乳入り） ▶ パン粉 ▶ 揚げ 180℃→185℃以上

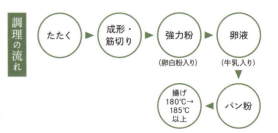

衣の食感が心地よい、全体的に薄めの設計

① 豚ロース肉は片面を肉たたきで軽くたたいて平らにならす。

② 下部の筋っぽい部分を切り落とす。

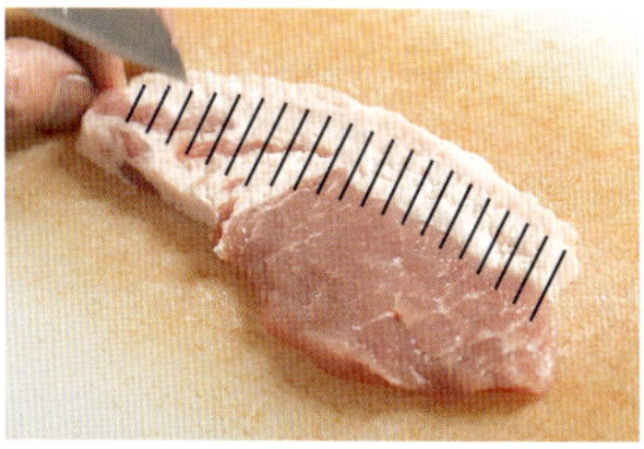

③ 包丁の切っ先を使ってしっかりめに筋切りする。

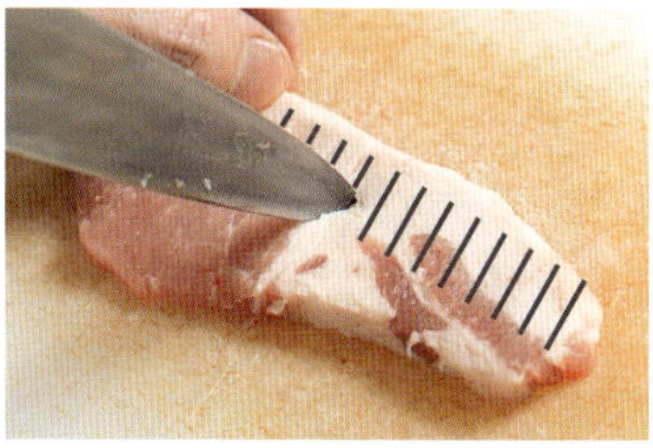

④ ひっくり返して反対の面も同様に筋切りする。

⑤ 強力粉をまぶし、手ではたいて余分な粉を落とす。

⑥ 金串を使って卵液にくぐらせ、上下に何度もふって余分な卵液をしっかりと落とす。

⑦ パン粉をたっぷりとつけてバットに移す。

⑧ 180℃の揚げ油に入れ、約40秒後、衣が固まったらひっくり返す。揚げ時間はトータルで1分30秒～2分。揚げ上がり時の油の温度は185℃以上をイメージ。

⑨ 網に移して油をきる。仕上げにとんかつを箸で持ち上げてさっと油をきり、切り分けて皿に盛り付ける。

調理のポイント

＼ POINT 1 ／

筋切りはしっかりめに

やや薄めに切り出した肉は火入れの際に反り返りやすいため、筋切りをしっかりめに行って反り返るのを防ぐ。

＼ POINT 2 ／

高温・短時間で揚げる

やや薄めに切り出した肉は比較的火のとおりがはやいため、高温の揚げ油に投入して短時間で揚げる。

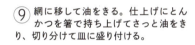

しゃぶ巻きかつ

「かつ好」で約30年前にデビューし、今なお人気の高いメニュー。1枚10gの薄切りのロース肉4枚をくるりと巻いて揚げた一品で、肉汁と溶け出した脂が口いっぱいに広がるジューシーさが魅力。

ミルフィーユ状になった薄切り肉

材料

《1皿分》
豚ロース肉（薄切り）…12枚（1枚10g）
強力粉（卵白粉入り）…適量
卵液（牛乳入り）*…適量
パン粉…適量
揚げ油（コーン油とゴマ油を6.5対3.5の割合でブレンド）…適量

添えもの／せん切りキャベツ（大葉入り）、和がらし、レモン、おろしポン酢

* 全卵7個と牛乳400gを泡立て器でしっかりと混ぜ、漉し網で漉す。

つくり方

1. 豚ロース肉4枚を使い、巻いたり折ったりして写真のような俵形に成形する。これを3個用意する。
2. 強力粉をまぶし、手ではたいて余分な粉を落とす。
3. 金串を使って卵液にくぐらせ、上下に何度もふって余分な卵液をしっかりと落とす。
4. パン粉をたっぷりとつけてバットに移す。
5. 170～175℃の揚げ油に入れ、衣が固まるまで3～4分程度揚げる。この間、肉にはさわらないこと。
6. 衣が固まったら165～170℃の揚げ油に移し、徐々に温度を上げながらさらに5分揚げる。揚げ上がり時の油の温度は175℃以上をイメージ。
7. 網に移してやすませ、油をきりながら余熱で火を入れる。この工程は1分30秒～2分ほど。仕上げにとんかつを箸で持ち上げてさっと油をきる。切り分けて皿に盛り付ける。

調理の流れ

成形 ▶ 強力粉（卵白粉入り） ▶ 卵液（牛乳入り） ▶ パン粉 ▶ 揚げ 170～175℃ ▶ 揚げ 165～170℃→175℃以上 ▶ 余熱

＼ POINT Ⅰ ／

隙間ができないように巻く

ロース肉4枚を巻いてひとまとめにするときは、隙間ができないようにきっちりと巻き、肉と肉をしっかりと密着させる。

塩コロッケ

ジャガイモのほくほく感に、手切りした肉の食感と風味がマッチ。
味つけは、少量の塩・コショウと、隠し味程度のバターのみ。
系列店「水塩土菜」(静岡市)では肉じゃが風の「醤油コロッケ」も人気。

調理の流れ

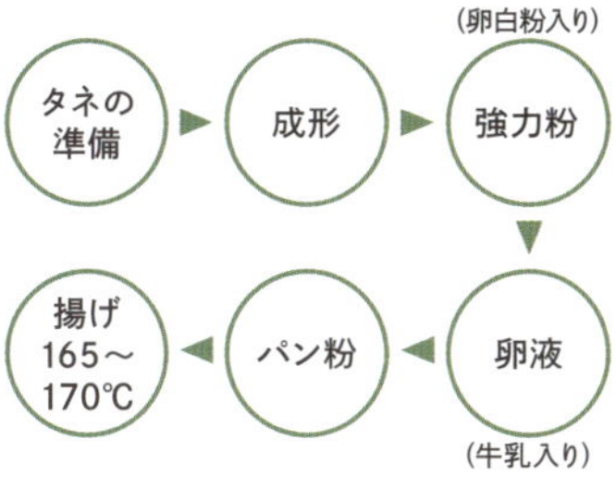

POINT 1
肉は包丁できざむ

肉は機械で挽かず、包丁で細かく切ると食感が豊かになる。また、味がしつこくならないように脂身は適宜取り除く。

POINT 2
パン粉が色づけばOK

タネには事前に火を入れてあるため、パン粉が適度に色づけば揚げ上がり。箸で持ち上げたときに軽くなっているなど、重さの変化も揚げ上がりを見極める材料になる。

手切りならではの肉の存在感

材料

《1個分》

タネ…以下より 50g
- ジャガイモ(男爵)…500g (皮をむいた状態で計量)
- 豚肉…200g
- 玉ネギ(みじん切り)…125g
- 塩・コショウ[*1]…6g
- バター…12g
- 炒め油(コーン油)…適量

強力粉(卵白粉入り)…適量
卵液 (牛乳入り)[*2]…適量
パン粉…適量
揚げ油(コーン油とゴマ油を6.5対3.5の割合でブレンド)…適量

添えもの/せん切りキャベツ(大葉入り)

*1 塩と白・黒コショウを合わせたもの。
*2 全卵7個と牛乳400gを泡立て器でしっかりと混ぜ、漉し網で漉す。

つくり方

① タネを準備する。ジャガイモは皮つきのまま蒸し器で蒸し、皮をむく。豚肉は脂身をある程度取り除き、肉の食感が残る程度に粗みじん切りにする。

② フライパンに炒め油をひき、玉ネギと①の豚肉を炒める。火がとおったら塩・コショウ、バターを加え混ぜる。全体がなじんだらボウルに取り出し、①のジャガイモを加えてつぶしながら混ぜる。

③ 1個50gに計量し、俵形に丸める。冷蔵庫で保管する。

④ 強力粉をまぶし、手ではたいて余分な粉を落とす。

⑤ 金串を使って卵液にくぐらせ、上下に何度もふって余分な卵液をしっかりと落とす。

⑥ パン粉をたっぷりとつけてバットに移す。

⑦ 165～170℃の揚げ油に入れ、パン粉がこんがりと色づくまで揚げる。

⑧ 網に移して油をきる。仕上げにコロッケを箸で持ち上げてさっと油をきり、皿に盛り付ける。

⑦

⑤

④

③

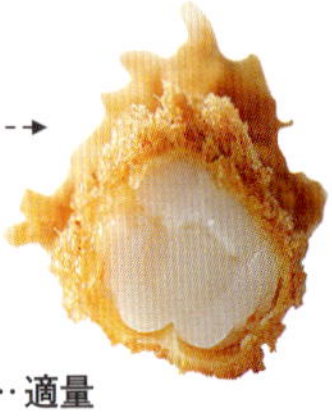
ほんのり透明感が残る 揚げ上がり

材料

《1個分》
車エビ…1尾
強力粉（卵白粉入り）…適量
卵液（牛乳入り）*…適量
パン粉…適量
揚げ油（コーン油とゴマ油を6.5対3.5の割合でブレンド）…適量

添えもの／レモン

＊ 全卵7個と牛乳400gを泡立て器でしっかりと混ぜ、漉し網で漉す。

つくり方

① 車エビは頭と内臓を取り除き、殻をむく。

② 腹側に数ヵ所切り込みを入れる。背に沿って一直線に切り込みを入れ、背ワタを取る。写真は下処理後。

③ 強力粉をまぶし、手ではたいて余分な粉を落とす。

④ 尾を持って卵液にくぐらせ、上下に何度もふって余分な卵液をしっかりと落とす。

⑤ パン粉をたっぷりとつける。尾のつけ根の裏側にある殻の部分（写真の黒枠部分）を指でつまんでパチンと音が鳴るまでつぶし、尾を広げてバットに移す。

⑥ 180℃の揚げ油に入れ、徐々に温度を上げながら1分～1分30秒揚げる。揚げ上がり時の油の温度は185℃以上をイメージ。

⑦ 網に移して油をきる。仕上げにエビフライを箸で持ち上げてさっと油をきり、皿に盛り付ける。

＼ POINT 1 ／

尾を広げてきれいに

生の車エビは尾のつけ根にある殻をつぶすと、尾を左右に広げてピンと張った状態にすることができる。この状態にととのえてから揚げて、きれいな見た目に仕上げる。

＼ POINT 2 ／

高温で一気に揚げる

高温の揚げ油で一気に揚げ、身の芯にほんのり透明感が残るような揚げ上がりをめざす。

車海老

フライの定番エビは、甘みとプリっとした食感が魅力の車エビをチョイス。ていねいな下処理と成形で、身は一直線に、尾はピンと広がった美しい仕上がりに。

調理の流れ

下処理・成形 ▶ 強力粉（卵白粉入り） ▶ 卵液（牛乳入り） ▼ パン粉 ◀ 成形 ◀ 揚げ 180℃→185℃以上

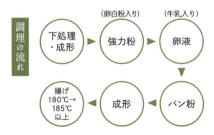

キャベツはどう扱う？

とんかつの名脇役であるせん切りキャベツ。今では専用の機械も登場し、それを活用して効率化を図る店もあるが、その一方で手切りにこだわる店もある。たとえば、「すぎ田」ではキャベツのせん切りも店主・佐藤光朗さんの仕事の一つ。キャベツ1玉を数等分に切り分け、葉脈に対して垂直に包丁を入れるイメージで端から一気にせん切りにする（写真）。切ったキャベツは提供する直前に水にさらし、しっかりと水けをきってスタンバイ。「水にさらすと青臭さが適度にとれて食べやすくなり、パリッとさせる効果もあると考えています。ただし、さらしすぎは厳禁。サッとさらす程度です」と佐藤さんは話す。

「ぽん多本家」も手切りで、キャベツは葉のやわらかいものを使用。葉を数枚ずつ重ね、葉脈に対して垂直に包丁を入れてせん切りにする。切ったキャベツは水にさらさず、そのまま使う。「水にさらすと、キャベツ本来の風味や甘みが抜けてしまうと思うんです」と店主の島田良彦さん。もっとも、いずれの店も、新鮮なキャベツを使う、切ってから提供するまでの時間をできるだけ短くするというのは共通認識。そこに独自の考え方や工夫も加味し、とんかつのひと皿を下支えする名脇役に仕立て上げている。

とんかつ店

すぎ田

［東京・蔵前］

1977年に創業したとんかつ店「すぎ田」。メニューは、とんかつとソテーがヒレとロースの各2種類、エビフライ、オムレツ、サラダ、ごはん、豚汁のみと至ってシンプル。売りものを明確にし、一品一品にしっかりと手間と愛情をそそごうという、下町らしい気骨を感じる構成だ。〝きちんと仕事をした、王道のとんかつ〟をめざす姿勢は、二代目店主の佐藤光朗さんにバトンが移った今も変わらない。

メニュー

とんかつ　ヒレ -----2400円

ロース ---2100円

ソテー　ヒレ -----2500円

ロース ---2300円

エビフライ*----------時価

オムレツ-------------1200円

サラダ --------------1500円

ごはん--------------300円

豚汁 ----------------200円

＊エビフライはエビの入荷がある場合のみ提供。

東京の観光エリアの代表格・浅草にほど近い、蔵前の地に店を構える。ビル1階が店舗で、二代目店主の技が間近に見られるカウンターが特等席。

すぎ田

東京都台東区寿 3-8-3
☎ 03-3844-5529

「ロースはロース、ヒレはヒレ」の潔い商品構成。奇をてらわず、王道のとんかつを追求し続ける

「すぎ田」のとんかつは、ロースとヒレが1種類ずつ。「特上」「上」「並」という分け方もしなければ、ボリューム違いのメニューも置かない。潔いメニュー構成の理由は、「どの部分を切り出しても、ロースはロース、ヒレはヒレ。脂身の多い少ないなど、使う部分はお客さまの年齢層や常連の方の嗜好などに鑑みて判断します。ボリュームも含めて、うちがベストだと考えるとんかつを提供したいんです」と、店主・佐藤光朗さんの答えも明快だ。

とんかつ店が家業だった佐藤さんにとって、キャベツを切ったり、鍋を洗ったりなどの手伝いは学生時代の日課。遊びに行く前に片づけなくてはならない、当然の役目だったという。約20年前に店に入り、その後、父である先代から店を引き継いだが、それ以前から先代の仕事を間近に見て、教えを身体にしみ込ませてきた。

すぎ田のとんかつは、低温と高温の鍋を行き来させるのが大きな特徴。まずは高温の鍋で衣を固め、低温の鍋に移してじっくりと肉に火を入れる。その後、さらに高温の鍋に戻して数分揚げ、バットに移して余熱で仕上げるという流れだ。「火入れについては『ギリギリをめざすな。しっかりと火をとおせ』という父の教えに則っています。低温と高温の2つの鍋を使うのも父の手法で、本人は『油で油をきる』と表現していましたが、実際に仕上げに高温の油にとおすと、カラッと揚げ上がるんですよ」と佐藤さん。肉をたたいたり、筋切りもしないが、それも「肉のうまみがなくなってしまう」という先代のロジックに基づいている。

一方で、より高いレベルのとんかつをめざし、二代目になって手を入れた部分もある。たとえば、以前は下味に塩とコショウを用いていたが、今は塩のみ。それは、かつてと比べて豚肉の品質が上がり、肉の味がより引き立つ調理方法や食べ方にシフトしようと考えたためだ。同様の考えから、肉を厚めに切り出すようになり、それにともなって揚げる温度や時間も細かく調整し直した。

「下町ですから昔からの常連客も多いですし、いわゆる〝食通〟の方もいます。そうしたお客さまにごまかしはききません。だから、きちんとした仕事をして、奇をてらわず、王道のとんかつを提供する。必要なところには手を入れますが、根っこの部分はこれからも大切にして、本質をもっと追求していきたいですね」と佐藤さんは語る。

店内奥には掘りごたつ式の小上がり席を用意。大人数での利用やファミリー客にも対応する。壁にはメニューの札が掲げられ、売りものがひと目でわかる。

揚げ油

オランダ産の良質なラード。高温と低温の2つの鍋で調理

創業以来、使い続けているのはオランダ産の「カメリヤ」ブランドのラード。ラードならではの独特の甘みやこうばしい香り、油ぎれのよさが魅力だ。その特徴を最大限に生かすため、油は基本的に毎日フレッシュなものに取り替える。揚げ場には銅鍋を2つ並べ、一方は160～170℃、もう一方は120～130℃に設定。とんかつメニューはロース、ヒレともに、これらの2つの鍋を行き来させて芯まで火を入れ、カラッと仕上げる。ピカピカに磨き上げられた銅鍋は同店のシンボルでもあり、毎日、昼と夜の営業後にそのつどしっかりと洗浄。清潔な店づくりも人気にひと役買っている。

肉

良質かつクセの強くない豚肉。銘柄よりも質のよさを重視

フレッシュの国産豚を使用。銘柄や産地にはこだわらないが、多いのは千葉県産。「求めているのは、肉質がよいのはもちろん、クセが強くない豚肉。肉質についてはシビアに見ますし、業者にはけっこう無理を言っています（笑）。そのやり方が通じるのは、40年来の付合いで築いた信頼関係があるから。仕入れはそこが大切です」と佐藤さん。さまざまな銘柄豚や熟成豚なども試したが、多くの人にとって食べやすく、また品質を安定させる狙いから、現在の仕入れのスタイルに落ち着いた。なお、つぶしたては肉が硬直して固いため、最低でも3日経ったものを仕入れている。

提供方法

ソースはオリジナルブレンド。ドレッシングとタルタルは自家製

「肉も油も素材がいいので、まずはそのまま食べてほしいというのが本音。もちろん、お客さまに自由に楽しんでほしいと思います」と佐藤さん。テーブルには塩、オリジナルブレンドのとんかつソースとウスターソース、「リーペリン」のウスターソースを用意。ウスターソースは、オリジナルブレンドのものは甘口にし、スパイシーなリーペリンとの違いを打ち出している。また、料理とともに提供するキャベツ用のドレッシングや、エビフライに添えるタルタルソースは店で一から手づくり。和がらしも、粉がらしを店で練ってスタンバイするなど細部まで手間を惜しまない。

衣

浅草の人気パン店に特注した、薄く、きめ細かいパン粉

パン粉は、創業以来、浅草の人気パン店「ペリカン」に特注。薄く、きめ細かい生パン粉で、軽やかな食感に仕上がるのが特徴だ。適正に調理すると揚げ色もきれいなこがね色になり、荒々しさのない、上品な見た目になる。「『ベースとなるパンの味がしっかりしていると、とんかつには向かない』と言われがちですが、ペリカンさんは当店のとんかつに合うパン粉をいろいろと研究してくれています」と佐藤さん。一方、粉は薄力粉を使用。「粉→卵液」の工程を2回行うのもポイントで、厚すぎず薄すぎずの衣をまとわせ、肉のうまみをしっかりととじ込める。

とんかつ ヒレ 160g

オランダ産ラードの風味をまとい、衣がきれいに色づいたヒレかつ。
高温と低温の油を行き来させ、外はサクッと軽やかに、中はしっとりやわらかく、
ジューシーに仕上げた。厚すぎず薄すぎずの衣と、厚みのある肉のバランスも肝。

材料

《1皿分》
豚ヒレ肉（P.23）…1切れ（160g）
塩…適量
薄力粉…適量
全卵（溶きほぐす）…適量
パン粉…適量
揚げ油（ラード）…適量

添えもの／せん切りキャベツ、和がらし

調理の流れ

塩 ► 薄力粉 ► 卵液 ► 薄力粉 ► 卵液 ▼ パン粉 ◄ 揚げ 160〜170℃ ◄ 揚げ 120〜130℃ ◄ 揚げ 160〜170℃ ◄ 余熱

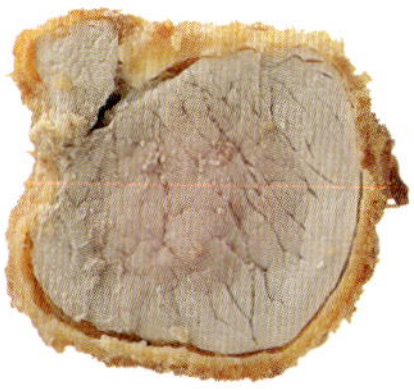

つややかな断面。
芯はわずかにロゼ色

① 豚ヒレ肉は全体に塩をふる。肉にフォークを刺して薄力粉をまぶし、余分な粉を落とす。

② しっかりと溶きほぐした全卵（卵液）にくぐらせる。卵液はしっかりめにつける。工程④も同様。

③ ふたたび薄力粉をまぶし、余分な粉を落とす。

④ 再度卵液にくぐらせる。

⑤ パン粉をまんべんなくつける。ただし、できるだけ余分なパン粉はつけない。

⑥ 160〜170℃の揚げ油に入れて1〜2分揚げる。衣がはがれやすいので、この間はさわらないこと。

⑦ 網で引き上げ、工程⑥とは肉の上下が逆になるようにして120〜130℃の揚げ油に移し、15分ほど揚げる。5分ほど経ったら傾けるなどやさしく動かしてまんべんなく火を入れる。

⑧ 網で引き上げ、ふたたび160〜170℃の揚げ油に入れて2〜3分揚げる。この間も、適宜やさしく動かしながら揚げる。

⑨ 網を敷いたバットに置いてやすませ、油をきりながら余熱で火を入れる。この工程は3〜5分。切り分けて皿に盛り付ける。

調理のポイント

＼POINT 1／
筋は徹底的に除去

ヒレのやわらかな肉質を最大限にアピールするため、肉の周囲についた筋などは事前の下処理で徹底的に取り除く。また、肉たたきでたたくことはせず、ヒレ本来の肉質をそのまま生かす。

＼POINT 2／
下味は塩のみ

先代の時代は塩とコショウで下味をつけていたが、「コショウは味の印象が強いので、良質な素材の味わいを邪魔してしまう」（佐藤さん）との考えから、今ではコショウは使わずに塩のみふる。

＼POINT 3／
「粉→卵液」は2回行う

「衣は厚すぎはもちろん、薄すぎてもだめ」というのが佐藤さんの考え方。衣に適度な厚みをもたせて肉のうまみをとじ込めるために、粉をはたいて卵液にくぐらせる作業を2回行う。細挽きのパン粉は全体にまんべんなくつけばOK。たっぷりとまとわせることはせず、軽やかな口あたりをめざす。

＼POINT 4／
高温鍋と低温鍋を往復

まず高温の油で揚げて衣を固め、その後、低温の油でじっくりと火を入れる。仕上げに再度高温の鍋に入れるのは、「油で油をきる」という先代の考え方に基づく手法。「パン粉やその下の粉と卵の層に浸透した油が、高温の揚げ油にしみ出してくるイメージ。軽い食感に仕上がります」（佐藤さん）。

とんかつ ロース 160g

厚切りのロース肉に適度な厚みの衣をまとわせ、肉のうまみをぎゅっととじ込めた。
下処理を入念に行う一方、1枚160gに切り分けてからは筋切りなどはせず、
肉にストレスをかけないのも「すぎ田」流だ。

材料

《1皿分》
豚ロース肉（P.20）…1枚（160g）
塩…適量
薄力粉…適量
全卵（溶きほぐす）…適量
パン粉…適量
揚げ油（ラード）…適量

添えもの／せん切りキャベツ、和がらし

調理の流れ

塩 ▶ 薄力粉 ▶ 卵液 ▶ 薄力粉 ▶ 卵液 ▼ パン粉 ◀ 揚げ 160〜170℃ ◀ 揚げ 120〜130℃ ◀ 揚げ 160〜170℃ ◀ 余熱

適度な厚みの衣で肉のうまみをとじ込める

① 豚ロース肉は全体に塩をふる。フォークを刺して薄力粉をまぶし、余分な粉を落とす。

② しっかりと溶きほぐした全卵（卵液）にくぐらせる。卵液はしっかりめにつける。工程④も同様。

③ ふたたび薄力粉をまぶし、余分な粉を落とす。

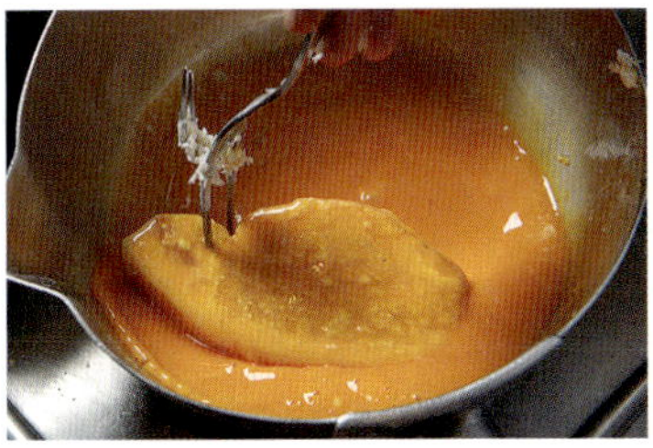

④ 再度卵液にくぐらせる。

⑤ パン粉をまんべんなくつける。ただし、できるだけ余分なパン粉はつけない。

⑥ 160～170℃の揚げ油に入れて1～2分揚げる。衣がはがれやすいので、この間はさわらないこと。

⑦ 網で引き上げ、工程⑥とは肉の上下が逆になるようにして120～130℃の揚げ油に移し、15分ほど揚げる。5分ほど経ったら傾けるなどやさしく動かしてまんべんなく火を入れる。

⑧ 網で引き上げ、ふたたび160～170℃の揚げ油に入れて2～3分揚げる。この間も、適宜やさしく動かしながら揚げる。

⑨ 網を敷いたバットに置いてやすませ、油をきりながら余熱で火を入れる。この工程は3～5分。切り分けて皿に盛り付ける。

調理のポイント

\ POINT 1 /

筋切りはあえてしない

肉にできるだけストレスをかけず、またうまみの流出を防ぐため、筋切りはあえて行わない。同様の考えから、肉たたきでたたかず、切り出した状態のまま使用する。ただし、余計な筋や脂身は下処理の段階で徹底的に除去する。

\ POINT 2 /

下味は塩のみ

先代の時代は塩とコショウで下味をつけていたが、「コショウは味の印象が強いので、良質な素材の味わいを邪魔してしまう」（佐藤さん）との考えから、今ではコショウは使わずに塩のみふる。

\ POINT 3 /

「粉→卵液」は2回行う

「衣は厚すぎはもちろん、薄すぎてもだめ」というのが佐藤さんの考え方。衣に適度な厚みをもたせて肉のうまみをとじ込めるために、粉をはたいて卵液にくぐらせる作業を2回行う。細挽きのパン粉は全体にまんべんなくつけばOK。たっぷりとまとわせることはせず、軽やかな口あたりをめざす。

\ POINT 4 /

高温鍋と低温鍋を往復

まず高温の油で揚げて衣を固め、その後、低温の油でじっくりと火を入れる。仕上げに再度高温の鍋に入れるのは、「油で油をきる」という先代の考え方に基づく手法。「パン粉やその下の粉と卵の層に浸透した油が、高温の揚げ油にしみ出してくるイメージ。軽い食感に仕上がります」（佐藤さん）。

エビフライ

すぎ田

プリッとしたエビの食感を存分に堪能させる「すぎ田」のエビフライ。
長さ20㎝ほどのビッグな大正エビを、頭を落としてこんがりと揚げた。
ひと口サイズに切り分けて提供できるのも、大ぶりのエビならでは。

材料

《1皿分》
大正エビ…1尾（正味約130g）
塩…適量
薄力粉…適量
全卵（溶きほぐす）…適量
パン粉…適量
揚げ油（ラード）…適量

添えもの／せん切りキャベツ、タルタルソース、和がらし

調理の流れ

下処理・成形 ▶ 塩 ▶ 薄力粉 ▶ 卵液 ▶ 薄力粉 ▶ 卵液 ▶ パン粉 ▶ 揚げ 160～170℃ ▶ 余熱

つくり方

←--- ごちそう感たっぷりの身の太さ

① 大正エビは頭を取って殻をむき、腹側に６ヵ所程度切り込みを入れる。

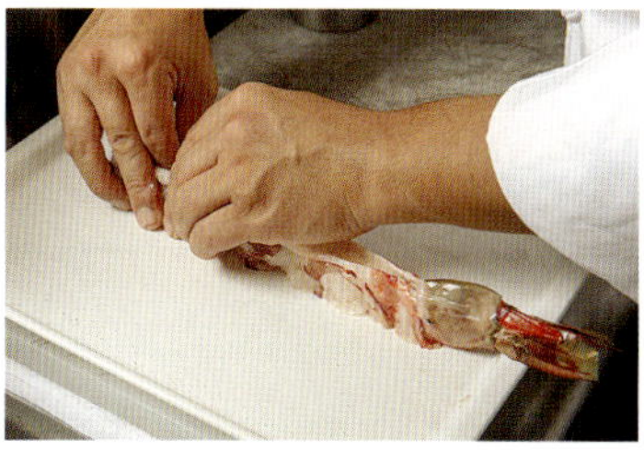

② 背に沿って一直線に切り込みを入れ、背ワタを取って真っ直ぐになるように形をととのえる。

③ エビの全体に塩をふる。尾を持って身に薄力粉をまぶし、余分な粉をふり落とす。とんかつの場合はまんべんなく粉をまぶすのが鉄則だが、エビの場合は粉のつき方に多少のムラがあってもOK。

④ しっかりと溶きほぐした全卵（卵液）にくぐらせる。卵液はしっかりめにつける。工程⑥も同様。

⑤ ふたたび薄力粉をまぶし、余分な粉を落とす。

⑥ 再度卵液にくぐらせる。

⑦ パン粉をまんべんなくつける。ただし、できるだけ余分なパン粉はつけない。

⑧ 160～170℃の揚げ油に入れて５分ほど揚げる。衣が固まってある程度火が入ったら、やさしく転がすようにしてまんべんなく火を入れる。

⑨ 網を敷いたバットに置いてやすませ、油をきりながら余熱で火を入れる。この工程は3分ほど。切り分けて皿に盛り付ける。

調理のポイント

\ POINT 1 /

エビの頭は落とす

とんかつ店にとって揚げ油は大切な材料の一つ。汚れた油は適宜交換するが、使用中の油もよい状態をできるだけ保てるように意識する。エビは頭を落としてから揚げるのも、そのための工夫の一つで、有頭のままだと油が汚れやすい。

\ POINT 2 /

下味は塩のみ

先代の時代は塩とコショウで下味をつけていたが、「コショウは味の印象が強いので、良質な素材の味わいを邪魔してしまう」（佐藤さん）との考えから、今ではコショウは使わずに塩のみふる。

\ POINT 3 /

高温で一気に揚げる

エビは低温で時間をかけて火を入れると、身の引き締まったプリッとした状態に仕上がりにくい。そこで高温で一気に揚げるが、ここでは身が太いエビを使うため、適宜転がしてムラなくを火を入れ、ほどよくパン粉が色づいたらバットに移して余熱で仕上げる。

とんかつ店

成蔵

［東京・高田馬場］

高田馬場は東京を代表する学生街だが、ここ数年、〝とんかつ激戦区〟としても注目を集めている。2010年に開業した「成蔵」は、同地のとんかつブームを牽引する店の一つで、連日、行列ができる人気店だ。真っ白な見た目、とことんやわらかな食感など、成蔵のとんかつは〝超〟がつくほどの個性派。新橋の「燕楽」で修業を積んだ店主の三谷成蔵さんは、とんかつ業界に新たな一石を投じている。

メニュー（抜粋）

霧島黒豚／雪室熟成豚／煌麦豚

- ロースかつ（140g）定食 ---------- 2580円
- 上ロースかつ（190g）定食 ---------- 3350円
- 特ロースかつ（200g）定食 ---------- 3680円
- ヒレかつ（100g）定食 ---------- 2580円
- シャ豚ブリアンかつ2個付（135g）定食 ---------- 3350円
- シャ豚ブリアンかつ3個付（200g）定食 ---------- 4150円
- ヒレかつ単品１枚（35g）---------- 720円

TOKYO X

- ロースかつ（140g）定食 ---------- 3200円
- 上ロースかつ（190g）定食 ---------- 4200円
- 特ロースかつ（200g）定食 ---------- 4600円
- ヒレかつ（100g）定食 ---------- 3200円
- シャ豚ブリアンかつ2個付（135g）定食 ---------- 4200円
- シャ豚ブリアンかつ3個付（200g）定食 ---------- 5200円
- ヒレかつ単品１枚（35g）---------- 950円

ミルフィーユかつ

- ミルフィーユかつ定食 ---------- 1980円
- チーズミルフィーユかつ定食 ---------- 2080円
- 特ミルフィーユかつ2個付（120g）---------- 2480円
- 特ミルフィーユかつ3個付（180g）---------- 3200円

自家製メンチかつ（55g）---------- 550円

エビフライ ---------- 680円

JR・地下鉄高田馬場駅から徒歩3分ほどの場所に立地。店舗はビルの地下1階で、白を基調とする瀟洒ですっきりとしたデザインだ。

成蔵

東京都新宿区高田馬場
1-32-11 小澤ビル B1
☎ 03-6380-3823
※ 2019 年春に移転予定

見た目と味の第一印象が勝負の山場。"衣の違い"でとんかつ新時代を切り拓く

「白い」あるいは「やわらかい」と形容されるとんかつは、これまでもあっただろう。しかし、「成蔵」のとんかつの、白さ、やわらかさは、他に類を見ないレベルと言っても過言ではない。「修業時代、とんかつに"やわらかさ"を求めるお客さまが非常に多いと感じていたんです。そして、見た目においても一般的なとんかつとの違いをアピールしたいと考えました」と話すのは、店主の三谷成蔵さん。

やわらかさと、見た目のオリジナリティ。この2点をとことん追求するなかで三谷さんが編み出したのが、低温のラードでじっくりと火を入れ、その後、肉をやすませながら余熱で仕上げるという調理法だ。とりわけユニークなのが温度の設定で、厚い肉は110℃、比較的薄い肉でも130℃程度で揚げ始める。低温ゆえに、鍋は肉を投入しても静かで、パチパチと油のはねる音はほぼ聞こえない。

成蔵独自のとんかつを生み出すには、この調理法に加え、あるアイテムの存在がカギになる。それは、焦げにくく、固くなりにくい、糖分の低い生パン粉。このパン粉と独自の調理法の合わせ技によって、パン粉は白さをキープしたまま、肉は芯まで火がとおり、やわらかく、ジューシーに仕上がるのだ。

また、このパン粉は、仕上がりの"白さ"に加え、パン粉を含む衣全体の食感で個性を表現することにも寄与している。揚げ上がりはパン粉が立ち、口にするとサクッとした揚げものらしい食感がある。しかし、決して固くはなく、口の中ですぐに溶け、すぐさまやわらかな肉がやってくるのだ。ここにも店主の明確な意図がある。

「肉がおいしいのは、もはや当り前の時代。次の差別化のポイントは衣です。料理は見た目はもちろん、食べたときの第一印象がとても大事ですし、衣を磨くことでとんかつの印象はだいぶ変わると考えたのです」

オンリーワンのとんかつの訴求力はすさまじく、今ではロースは14本、ヒレは50本を2日で使いきるほどの忙しさだが、「開業直後からにぎわっていたわけではありません。レシピも商品構成も今とは違う部分がありました。夜に串揚げを提供していた時代もありましたね」と三谷さん。手隙の時間を研究にあててとんかつのブラッシュアップに注力した結果、開業から3年が経ったころから店は徐々に軌道に乗り始めた。業界に新風を吹き込んだ成蔵のとんかつは、職人のたゆまぬ努力から生まれた、新しい発想と技術の賜ものだ。

壁の鳥のイラストが内装のアクセント。女性も入りやすい店づくりだ。客席はオープンキッチンを臨むカウンター席と、テーブル席で構成。

揚げ油

余熱がきくのもラードの魅力。“白さ”を際立たせる効果も

背脂ではなく腸間膜の脂を原料とするラードを使用。「カラッと揚がり、冷めにくいので余熱もききます。そのうえ、動物性油ならではの風味もプラスでき、油ぎれもよいのがラードの魅力です」と三谷さん。また、植物性油で揚げると光沢が出て少しテカッとした印象に仕上がるが、ラードを使うとマットな質感に揚げ上がり、同店のとんかつの特徴の一つである“白さ”がいっそう引き立つのだそう。鍋は、「温度調節がしやすく、容量の大きなフライヤーと比べて一度に入る油の量が少ないため、油が汚れたら気前よく取り替えられる」との考えから浅めの銅鍋を使用する。

肉

“とんかつに合う”銘柄豚を常時3～4種類ラインアップ

「雪室熟成豚」「煌麦豚」「霧島黒豚」「TOKYO X」など常時3～4種類の銘柄豚を用意。肉の状態を毎日確認し、品質を優先して適宜ラインアップを変えている。「ほかの銘柄豚も食べたい」というお客のリクエストをきっかけに、三谷さん自身が展示会に足を運ぶなどして情報収集に努め、「とんかつに合う豚肉」であることを大前提に取り扱う肉の種類を徐々に増やしたそう。「熱を加えると固くなるものや、パサつきやすいもの、ザラッとした口あたりの豚肉は避けています。いわゆる“水豚”ももちろんNGで、低温で揚げる場合はますますとんかつに不向きです」と三谷さん。

提供方法

最初のひと口はそのまま。ロースとヒレは岩塩がおすすめ

とんかつの皿は基本的にキャベツを添えるのみ、とシンプル。そのぶん、定食の場合は箸やすめとしてお新香と小鉢がつく。テーブルには、ほんのり甘みのある岩塩と、とんかつソース、キャベツに使用するドレッシングを用意。とんかつソースは、「甘みと酸味のバランスがよく、くどくない」というトマトベースのものをセレクトしている。とんかつはそのまま食べるほか、銘柄豚の味の個性を楽しませるロースとヒレには岩塩、「ミルフィーユかつ」には提供時に添えるスイートチリソース、あるいはとんかつソースを推奨。またソース類は肉の断面にかけるのが店のおすすめだ。

衣

焦げにくく、固くなりにくい、糖分控えめの生パン粉

粉は中力粉を選択。「修業時代から使っていて慣れていることと、私にとって扱いやすいというのが理由です」と三谷さん。パン粉は、粗めの生パン粉で、糖分が一般的なパン粉と比べて1/3～1/2と低く、そのため、焦げにくく、固くなりにくいというのが特徴だ。「このパン粉の性質に低温で揚げるという技法をかけ合わせて、白いとんかつが生まれます。また、とんかつによく見られる上顎に刺さるような固さはまるでなく、口にするとサクッと感じるのに、その直後にすぐに溶けてしまう。うちのとんかつの独特の食感は、このパン粉があってこそです」。

雪室熟成豚ロースかつ 250g

雪でつくった貯蔵庫で熟成させたという新潟の銘柄豚は、強いうまみと、
やわらかく、しっとりとした口あたりが特徴。そのロース肉を厚さ2.5㎝・250gに切り出した、
通常販売していない特別メニュー。低温でじっくりと火を入れて持ち味を引き出した。

材料

《1皿分》
豚ロース肉(P.28)…1枚(250g)
塩、白コショウ…各適量
中力粉…適量
全卵(溶きほぐす)…適量
パン粉…適量
揚げ油(ラード)…適量

添えもの／せん切りキャベツ

調理の流れ

筋切り・成形 ▶ 塩・コショウ ▶ 中力粉・成形 ▶ 卵液 ▶ パン粉 ▶ 揚げ 110℃→150℃ ▶ 余熱

衣は白く、ふんわり。
肉はしっとり

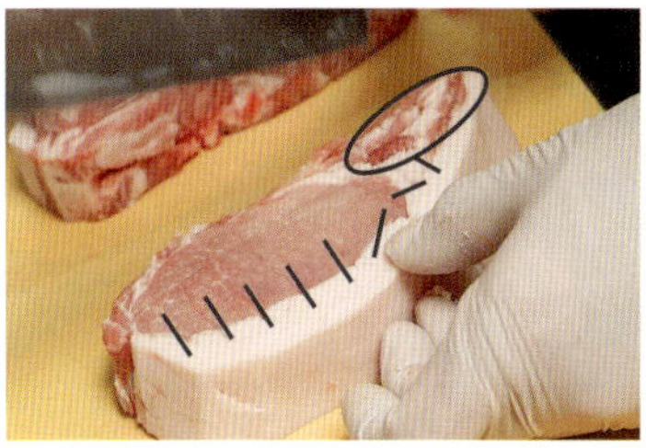

① 豚ロース肉は包丁の刃元を使って筋切りする。とくに脂身の入り込んだ部分（写真の黒枠部分）は入念に筋切りする。筋切りは両面行う。

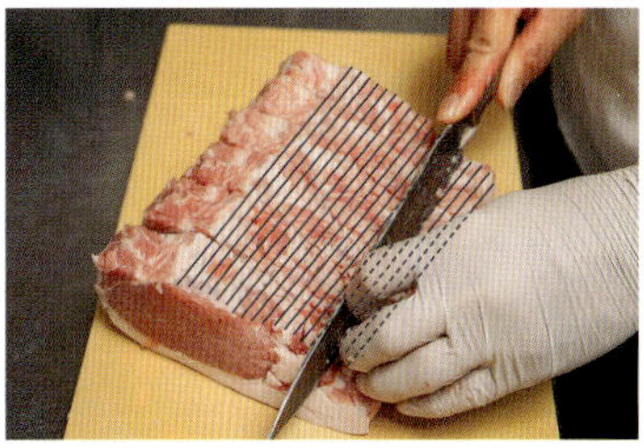

② 背の脂身を下にして肉を立てて並べ、上面（あばら側）に細かなピッチで浅く切り込みを入れる。写真は1度に数枚の肉に切り込みを入れている様子。

③ 片面に塩と白コショウをふる。

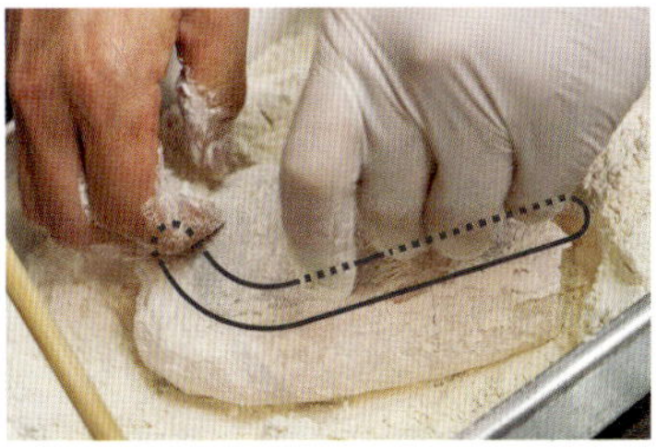

④ 塩と白コショウをふった面を下にして中力粉の入ったバットに入れ、粉をまぶす。背の脂身と赤身が接する筋の部分（写真の黒枠部分）に指を押しつけ、筋をほぐす。反対の面も同様にして筋をほぐす。

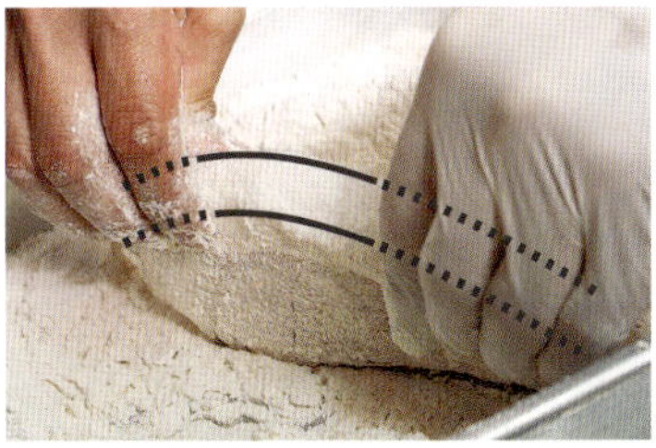

⑤ 背の脂身（写真の黒線部分）を上にして肉を立て、背の脂身を端から端まで指でつまんで角をとる。手ではたいて余分な粉を落とす。

⑥ しっかりと溶きほぐした全卵（卵液）にくぐらせ、箸で持ち上げて余分な卵液を落とす。

⑦ パン粉をたっぷりとつけてバットに移す。

⑧ 110℃の揚げ油に入れ、徐々に温度を上げながら20分ほど揚げる。揚げ上がり時の油の温度は150℃をイメージ。この間、衣が固まったタイミングで一度だけゆっくりとひっくり返す。

⑨ 網を敷いたバットに置いてやすませ、油をきりながら余熱で火を入れる。この工程は8～10分ほど。切り分けて皿に盛り付ける。

調理のポイント

＼POINT 1／ 入念な筋切りと隠し包丁

脂身の入り込んだ部分は筋が多いため、しっかりと筋切りする。ある程度の厚みの肉までは包丁の切っ先で筋切りするが、ぶ厚い肉の場合は刃元を使うほうが筋切りしやすい。また、ぶ厚い肉のときは、かみ切りやすさや火のとおりを考慮して、あばら側の面に細かく切り込みを入れる。

＼POINT 2／ 筋をほぐし、脂身をつまむ

ぶ厚い肉は、そのぶん筋がしっかりと入り込んでいるため、筋切りだけではなく、背の脂身と赤身の間に指を押しつけて筋をほぐすひと手間を施す。また、脂身の角が立っているとその部分に粉がつきにくいため、背の脂身の角を指でつまんで丸みをもたせる。

＼POINT 3／ 低温＋余熱でじっくり

赤身にも脂身にもまんべんなく火を入れるとともにやわらかく仕上げるため、低温の揚げ油でじっくりと揚げて8割方火をとおし、余熱で仕上げる。油の温度は110℃からスタートし、じわじわと上げていくイメージ。独特の浅い揚げ色に仕上げるための工夫でもある。

＼POINT 4／ 重さで火入れを見極める

余熱による火入れがどの程度まで進んだかは、箸でとんかつを持ち上げて判断する。火入れが不充分だと、とんかつの中心部分に重さを感じ、まんべんなく火がとおるとその重さを感じなくなるそう。

煌麦豚 ロースかつ 140g

きめが細かくしっとりとした赤身と、クセがなくあっさりとした脂身を有する、味のバランスがよい新潟の銘柄豚を使用。ロース1本の中から腰寄りの部分を140gに切り出し、ふんわり、軽やかな見た目の“白いとんかつ”に仕立てた。

材料

《1皿分》
豚ロース肉（P.28）…1枚（140g）
塩、白コショウ…各適量
中力粉…適量
全卵（溶きほぐす）…適量
パン粉…適量
揚げ油（ラード）…適量

添えもの／せん切りキャベツ

調理の流れ

筋切り ▶ 塩・コショウ ▶ 中力粉・成形 ▶ 卵液 ▼ パン粉 ◀ 揚げ 130～135℃→150℃ ◀ 余熱

衣の白さと肉の透明感が際立つ

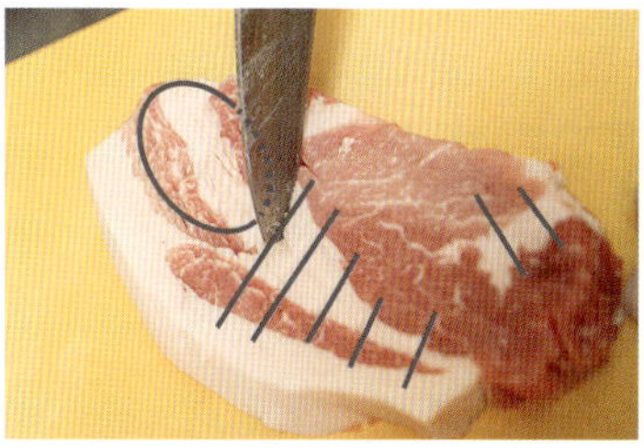

① 豚ロース肉は包丁の切っ先を使って筋切りする。とくに脂身の入り込んだ部分(写真の黒枠部分)は入念に筋切りする。筋切りは両面行う。

② 片面に塩と白コショウをふる。

③ 塩と白コショウをふった面を下にして中力粉の入ったバットに入れ、全体に粉をまぶす。

④ 背の脂身（工程③の写真の黒線部分）を上にして肉を立て、背の脂身を端から端まで指でつまんで角をとる。手ではたいて余分な粉を落とす。

⑤ しっかりと溶きほぐした全卵（卵液）にくぐらせ、箸で持ち上げて余分な卵液を落とす。

⑥ パン粉をたっぷりとつけてバットに移す。

⑦ 130～135℃の揚げ油に入れ、徐々に温度を上げながら5～6分ほど揚げる。

⑧ 揚げ上がり時の油の温度は150℃をイメージ。この間、衣が固まったタイミングで一度だけゆっくりとひっくり返す。

⑨ 網を敷いたバットに置いてやすませ、油をきりながら余熱で火を入れる。この工程は3～4分ほど。切り分けて皿に盛り付ける。

調理のポイント

＼ POINT 1 ／

脂身をつまんで角をとる

脂身の角が立っているとその部分に粉がつきにくいため、背の脂身の角を指でつまんで丸みをもたせる。

＼ POINT 2 ／

130℃以上で揚げ始める

ロース140gは66頁のロース250gの半分程度の厚みのため、ロース250gが110℃から揚げ始めるのに対して、130～135℃と比較的高めの温度からスタートする。また、前者に比べて揚げ時間も余熱で火を入れる時間も短め。

シャ豚ブリアンかつ 200g

ヒレ1本の中でとくに肉質がよいといわれる中央部分の肉を、牛肉の「シャトーブリアン」にならって「シャ豚ブリアン」と命名。その部位を1切れ約65gに切り出し、肉の厚みを感じられる丸い形に成形して低温で揚げた。とことんやわらかく、ヒレでありながらジューシーな口あたり。

材料

《1皿分》
豚ヒレ肉（P.29）…3切れ（1切れ約65g）
塩、白コショウ…各適量
中力粉…適量
全卵（溶きほぐす）…適量
パン粉…適量
揚げ油（ラード）…適量

添えもの／せん切りキャベツ

調理の流れ

成形 ▶ 塩・コショウ ▶ 中力粉 ▶ 卵液 ▶ パン粉・成形 ▶ 揚げ 115～120℃→150℃ ▶ 余熱

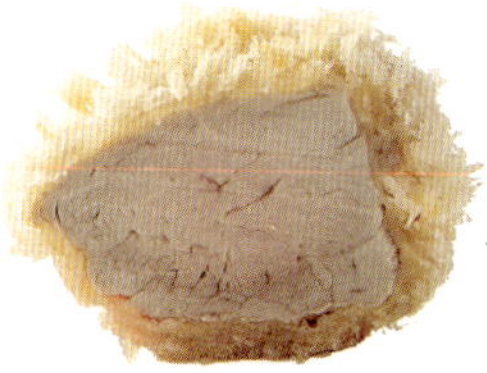

厚みを感じる丸形。芯はロゼ色

① 豚ヒレ肉は１切れ約65gに切り分ける。これを3切れ使用する。

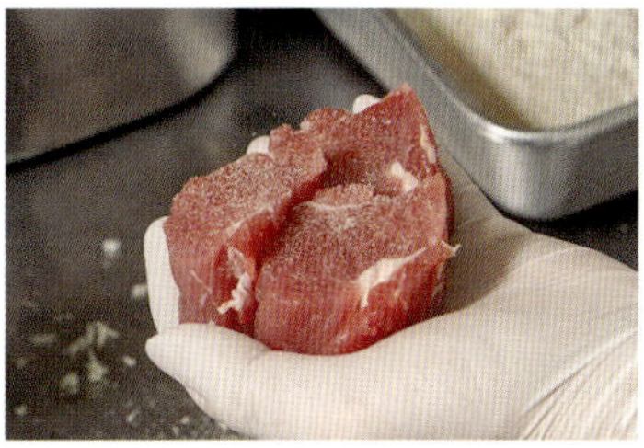

② 片面に塩と白コショウをふる。

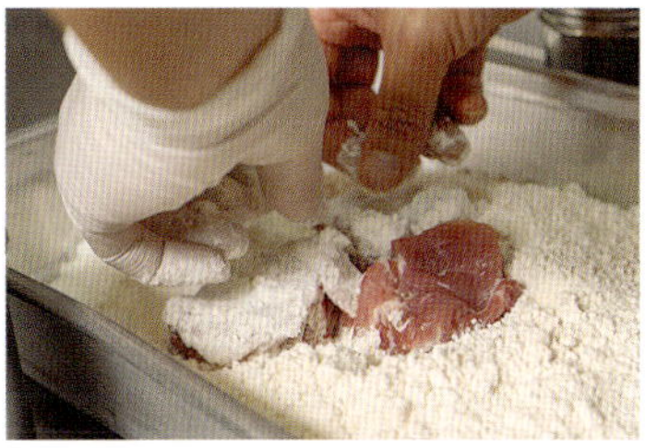

③ 塩と白コショウをふった面を下にして中力粉の入ったバットに入れ、全体に粉をまぶす。手ではたいて余分な粉を落とす。

④ しっかりと溶きほぐした全卵（卵液）にくぐらせ、持ち上げて余分な卵液を落とす。

⑤ 肉の切り口が上下にくるようにパン粉の入ったバットに入れ、パン粉をたっぷりとつける。上から手のひらでぎゅっと押さえ、適度につぶす。

⑥ 別のバットに移し、つぶした肉の周囲に指をあてて、つまみ上げるようにして高さを出しながら形をととのえる。

⑦ 115～120℃の揚げ油に入れ、徐々に温度を上げながら10分ほど揚げる。揚げ上がり時の油の温度は150℃をイメージ。この間、衣が固まったタイミングで一度だけゆっくりとひっくり返す。

⑧ 網を敷いたバットに置いてやすませ、油をきりながら余熱で火を入れる。この工程は4～5分ほど。

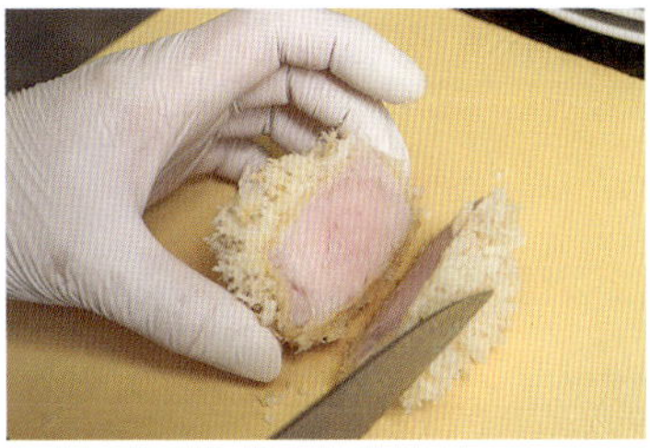

⑨ 切り分けて、あるいはそのまま皿に盛り付ける。

調理のポイント

＼POINT 1／

つぶしてやわらかさUP

パン粉をまぶす段階で、手のひらで上から押さえていったん肉をつぶす。繊維をたって肉をやわらかくするとともに、パン粉をしっかりと密着させるのが狙い。このとき、切り口が上下にくるように肉を置いて上から押さえるとつぶれやすいが、切り口が左右にくる状態だとつぶれにくい。

＼POINT 2／

低温＋余熱でじっくり

肉にまんべんなく火を入れるとともにやわらかく仕上げるため、低温の揚げ油でじっくりと揚げて8割方火をとおし、余熱で仕上げる。油の温度は115～120℃でスタートし、じわじわと上げていくイメージ。独特の浅い揚げ色に仕上げるための工夫でもある。

＼POINT 3／

油の状態を意識する

揚げ色の浅い“白いとんかつ”が同店のスタイル。揚げ油が酸化しているとパン粉が色づきやすくなるため、こまめに油は取り替える。油の酸化が少し進んでいる場合は、温度上昇のスピードをゆるめてより長く揚げると、パン粉の色づきを抑えることができる。

＼POINT 4／

重さで火入れを見極める

余熱による火入れがどの程度まで進んだかは、箸でとんかつを持ち上げて判断する。火入れが不充分だと、とんかつの中心部分に重さを感じ、まんべんなく火がとおるとその重さを感じなくなるそう。

ミルフィーユかつ

衣でとじ込めた、
たっぷりの肉汁

材料

《1皿分》
豚ロース肉
…適量（成形後1個34g）
塩、白コショウ…各適量
中力粉…適量
全卵（溶きほぐす）…適量
パン粉…適量
揚げ油（ラード）…適量

添えもの／せん切りキャベツ、
スイートチリソース

つくり方

① 豚ロース肉はスライサーでごく薄く切る。切った豚肉を何枚か使い、巻いたり折ったりして1個約68gの俵形にする。

② ①を半分に切る。このうちの3個を使用する。

③ 肉の断面に塩と白コショウをふる。

④ 中力粉をまぶし、余分な粉を落しながらふたたび形をととのえて俵形にする。

⑤ しっかりと溶きほぐした全卵（卵液）にくぐらせ、持ち上げて余分な卵液を落とす。

⑥ パン粉をたっぷりとつけてバットに移す。

⑦ 130〜135℃の揚げ油に入れ、徐々に温度を上げながら5〜6分ほど揚げる。揚げ上がり時の油の温度は150℃をイメージ。この間、衣が固まったタイミングで一度だけゆっくりとひっくり返す。

⑧ 網を敷いたバットに置いてやすませ、油をきりながら余熱で火を入れる。この工程は1〜2分ほど。皿に盛り付ける。

ごく薄切りにした豚ロース肉をくるくると巻いたジューシーなかつ。
写真は1個68gに成形して半分に切ったものを3個盛り付けた通常版で、
切らずにごろんと大ぶりなまま揚げる「特ミルフィーユ」も人気。

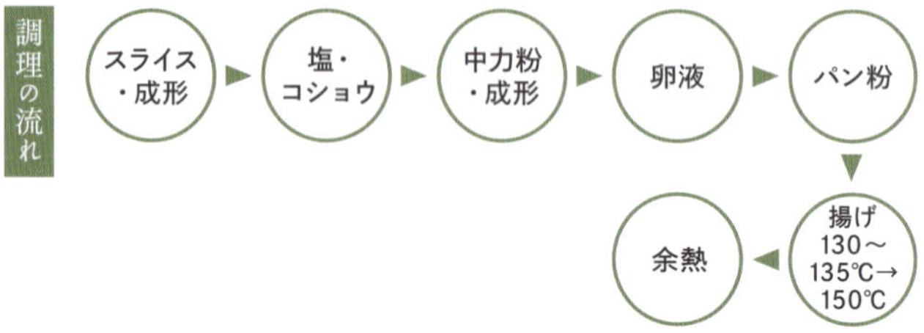

＼POINT 1／
隙間をつくらない

数枚の薄切り肉を一つにまとめるときは、隙間ができないようにきっちりと巻き、肉と肉をしっかりと密着させる。

＼POINT 2／
割れる前に揚げ終える

薄切り肉は水分が出やすく、衣のつき方によっては割れて肉汁が流れ出てしまうので、短時間で火をとおし、衣が割れる前に揚げきる。

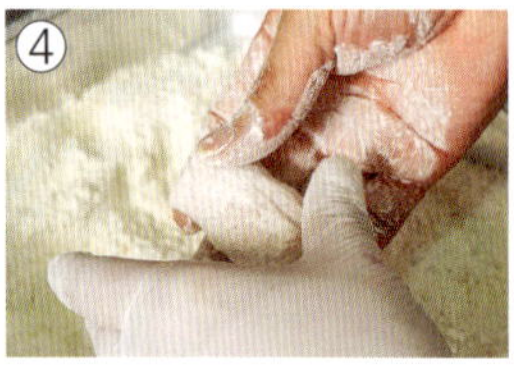

とんかつ職人の道具

自身の理想とするとんかつをつくるには、豚肉はもちろん、衣や揚げ油、調味料など素材選びが重要だ。加えて、調理するための道具にも職人それぞれのこだわりや考え方がある。その一例を紹介する。

すぎ田の「銅鍋」

客席からカウンター越しに見えるピカピカに磨かれた2つの銅鍋。営業中はそれぞれに良質なラードを入れて一方は160～170℃、もう一方は120～130℃に調節し、フル稼働。昼と夜の営業後にそのつど念入りに洗い、輝きを保っている。銅は一般的に熱伝導性にすぐれた素材といわれ、素材にまんべんなく熱を伝えることができる。

ぽん多本家の「ステンレス鍋」

「当店では油の温度を細かくコントロールしながら調理します。そのうえで、私にとってはステンレス鍋が使いやすい」と店主の島田良彦さん。一般的に蓄熱性にすぐれているステンレス鍋を自家製の新鮮なラードで満たし、カツレツは120～130℃で素材を投入。火力を細かく調節し、160℃までじわじわと温度を上げながら揚げていく。

ポンチ軒の「とんかつ専用包丁」

ポンチ軒ではとんかつを切る際に専用の包丁を使用する。刃先から刃元までゆるやかにカーブした丸みを帯びた形状で、まず刃先に近い部分をとんかつにさし込み、その後、刃のカーブを利用して弧を描くように包丁を動かして一気に切る。刃の独特な形状とそれを生かした動かし方により、あまり強い力を必要とせずにスッと切ることができるため、衣や肉がつぶれずにきれいな断面に仕上がる。

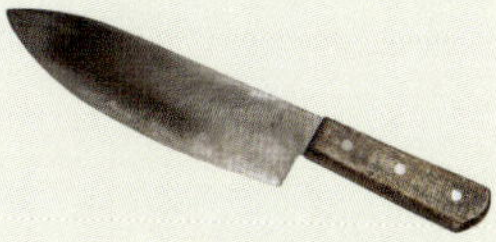

とんかつ店

ポンチ軒

［東京・神田］

「ポンチ軒」は、昼夜ともに満席が続く東京・神田の人気店。「旬香亭」の系列で赤坂に店を構えていた「フリッツ」が前身で、2012年にとんかつと豚しゃぶの専門店として開業した。上質なとんかつを追求しながらも、昨今、高級化が進むとんかつ業界にあって、ランチは「上ロース豚かつ定食」1500円～と比較的使い勝手のよい価格設定。ノスタルジックなたたずまいも気軽さを演出している。

メニュー（抜粋）

ランチ

上ロース豚かつ定食	1500円
特ロース豚かつ定食	2400円
上ヒレ豚かつ定食	1600円
特ヒレ豚かつ定食	2500円
ビーフかつ定食	1600円
アジフライ定食	1250円
かつと特製カレー	1250円

ディナー

上ロース豚かつ	単品 1200円	定食 1640円
特ロース豚かつ	単品 2000円	定食 2440円
上ヒレ豚かつ	単品 1300円	定食 1740円
特ヒレ豚かつ	単品 2100円	定食 2540円
ビーフかつ	単品 2000円	定食 2440円
厚切りロース	単品 2800円	定食 3240円
ロースかつ煮	単品 1600円	定食 2040円
ミックスフライ	単品 1800円	定食 2240円
ポンチかつ	単品 1400円	定食 1840円
特ヒレ丸ごと一本揚げ（約500g）	単品 4800円	

おつまみ（ディナーのみ）	400円台～	
手切り豚しゃぶ（ディナーのみ）	単品 2600円	セット 3040円

昭和の"定食屋"を思わせる、レトロな雰囲気の店舗デザイン。温かみのある照明が店内を照らす。店内は、テーブル席とカウンター席で構成。

ポンチ軒

東京都千代田区
神田小川町 2-8 扇ビル 1F
☎ 03-3293-2110

オーソドックスなスタイルで高得点をたたき出す。適材適所の素材使いと余熱による火入れが肝

「旬香亭」や「フリッツ」で洋食の腕を磨いた店長の橋本正幸さんと、「かつ好」出身のとんかつ職人がタッグを組み、良質なフライを追求し続けている「ポンチ軒」。同店のとんかつは、オーソドックスな見た目のとおり、強烈な個性を放つものではない。しかし、サクッとした衣と、しっとり、ジューシーな肉との食感のコントラストは絶妙で、味わいも豊か。何か一つが突出することなく、すべての要素がバランスよく結び付いた、平均点の高いとんかつだ。

「素材には相性があります。特徴を理解し、適材適所で使わないと、うまいとんかつはできません。たとえば、うちのとんかつは植物性油で揚げますが、黒豚やイベリコ豚に植物性油は合わない。油とパン粉にも合う合わないがあります。ですから、素材選びでは品質はもちろん、素材どうしを組み合わせたときのバランスも意識しています」と橋本さんは話す。

豚肉はメキシコ産と沖縄県産を用意。2種類の豚肉で味と価格の違いを打ち出し、メニューの選択肢を増やしているが、その一方で、肩寄りか、腰寄りかなどロース肉の使用部分の違いによるメニュー展開はしていない。「それをするとオペレーションが煩雑になります。一品一品に集中して、納得のいくとんかつを提供したい」と橋本さん。また、ロースの場合は、背の脂身を厚いまま残し、脂身を含めて肉の味をしっかりとアピールするのが同店の考え方だ。

とんかつは140℃の植物性油に入れ、165℃をめざして徐々に温度を上げながらじっくりと揚げる。その後、やすませて余熱を生かして完成させる。

「イメージは、揚げで7割、余熱で3割。揚げだけで完成させると、肉がパサついてしまいます。とくにヒレはその傾向が強い。余熱によって全体に肉汁がまわり、しっとりと仕上がるんです」

「特ヒレ丸ごと一本揚げ」も同様のスタイルで調理し、約500gの塊肉を端から端まで外はカラッと、中はジューシーに仕上げる。「2～4人でシェアしてほしい」と考案したメニューで、今では店の名物の一つになっている。

名物といえば「ビーフかつ」もはずせない。使うのはメキシコ産の牛サーロインで、こちらはラードで揚げる。180～200℃の高温をキープしながら短時間で一気に揚げ、余熱も活用してミディアムレアに仕上げる。今でこそ都市部では専門店ができるほどポピュラーな存在になったビーフかつだが、ポンチ軒では開業当初からのレギュラーメニュー。店の前身が洋食店というのも納得だろう。

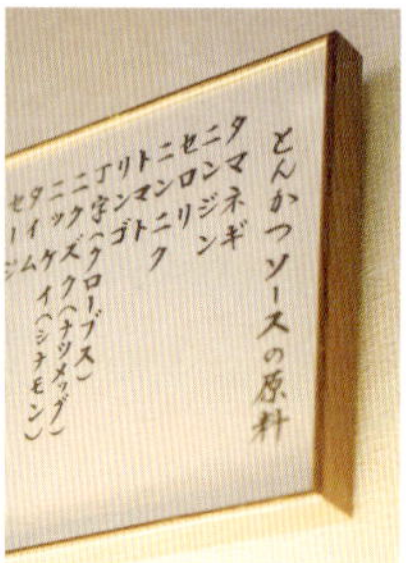

調理は2人体制。店長の橋本さん（写真）と、とんかつひと筋の料理人が腕をふるう。カウンター上には、とんかつソースの材料表が飾られている。

揚げ油

とんかつは植物性油で軽やかに。ビーフかつはラードでコクをプラス

揚げ油はメニューによって適材適所で使い分ける。とんかつには、「ラードと比べて軽やかな味わいに仕上がる」（橋本さん）という植物性油を使用。コーン油とゴマ油を6対4でブレンドしたもので、コロッケなどにも用いる。同店のとんかつは140～165℃で揚げるが、「とんかつを植物性油で揚げる場合、あまり低い温度だとうまく揚がりません」と橋本さんは話す。一方、ビーフかつにはラードを使用し、コクをプラスする。180～200℃と比較的高温で揚げるメニューや、油っぽさを出したくないメニューにもラードを用いるそうで、アジフライやハムカツなどもラードで揚げる。

肉

メキシコ産と沖縄県産の二刀流。味のタイプと価格の違いで間口拡大

あっさりとしてクセが少ないメキシコ産と、甘みのある沖縄県産の豚肉を仕入れる。味のタイプの異なる2種類の豚肉をラインアップすることで、お客の嗜好に幅広く応えるとともに、メニュー価格のレンジを広げて使い勝手のよさもアピールしている。とんかつメニューはロース、ヒレともに「上」「特」の2つのランクを設けており、上にはメキシコ産、特には沖縄県産を使用する。なお、「厚切りロース」も沖縄県産だ。「メキシコの豚は、厳しい基準をクリアした施設で育てられているので安全ですし、肉質も味も日本人好みで、とんかつによく合います」と橋本さん。

提供方法

数種の“とんかつ網”を使い分け。オリジナルを含む個性的なソース

フライをのせる網はサイズや形の異なる数種類を用意し、メニューによって使い分ける。テーブルには、ゲランドの塩、オリジナルのとんかつソースと「ゆずペッパーソース」、「スーパー特選太陽ソース」（太陽食品工業）などを用意。とんかつソースは、既製のソースをベースに、香味野菜、トマト、スパイスなどを加えて煮込んだものだ。「沖縄県産豚のとんかつは、最初のひと切れはそのまま、あるいは塩で食べてほしいですね。ソースを使う場合も、直接とんかつにかけずに、小皿に入れてお刺身のようなスタイルでつけて食べるのがおすすめです」（橋本さん）。

衣

バッター粉で結着力をアップ。生パン粉は糖分と塩分控えめ

粉は結着力の高いバッター粉をチョイス。薄い衣に仕上げるために、粉はしっかりとつけてしっかりと落とす。卵液も同様にして薄くまとわせるが、事前に牛乳でのばし、薄くコーティングできるような粘度に調整しておく。ただし、コロッケは衣を厚めにするのが同店のスタイルで、コロッケの場合のみ、全卵にバッター粉を多めに混ぜたバッター液を使用する。一方、パン粉は、糖分と塩分を抑えた特注の生パン粉を使用。「糖分が少ないのでじっくりと揚げても黒くなりにくい。また、塩分が少ないほうが肉の味をストレートに表現できると思います」と橋本さんは語る。

特ロース豚かつ 200g

甘みがあるという沖縄県産の豚肉を使用したとんかつ。
やわらかな食感は、肉質のよさだけではなく、細かな筋切りなどていねいな下処理の賜もの。
脂身に重点的に火を入れるなど、随所に技が光る。

材料

《1皿分》
豚ロース肉(P.30) …1枚 (200g)
塩、白コショウ…各少量
バッター粉*1…適量
卵液 (牛乳入り)*2…適量
パン粉…適量
揚げ油 (コーン油とゴマ油を6対4の割合でブレンド)…適量

添えもの／せん切りキャベツ、レモン、和がらし

*1 でん粉、大豆粉、大豆たん白、乾燥卵白、パン粉などを配合して結着性を高めたミックス粉。
*2 全卵10個と牛乳150mℓを泡立て器でしっかりと混ぜる。

調理の流れ

成形・筋切り ▶ たたく ▶ 塩・コショウ ▶ バッター粉 ▼ 卵液 (牛乳入り) ◀ パン粉 ◀ 揚げ 140℃→165℃ ◀ 余熱

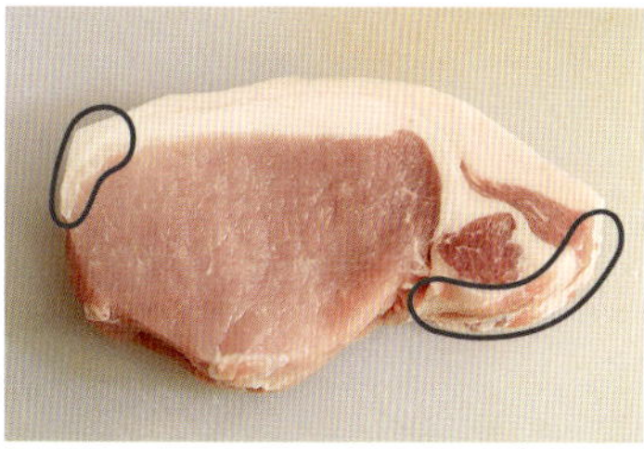

①豚ロース肉は端の筋っぽい部分（写真の黒枠部分）を切り落とす。

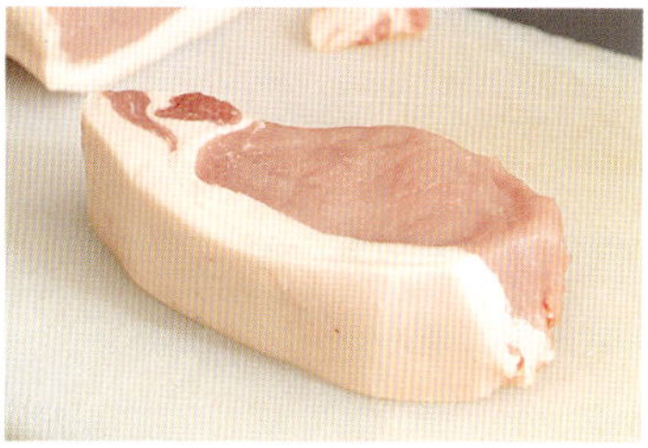

②写真は工程①の作業を終えた状態。

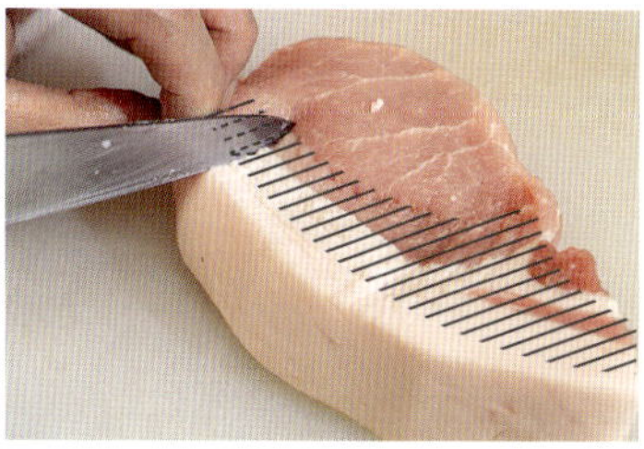

③隠し包丁を入れるような要領で細かなピッチで筋切りする。これを両面行う。

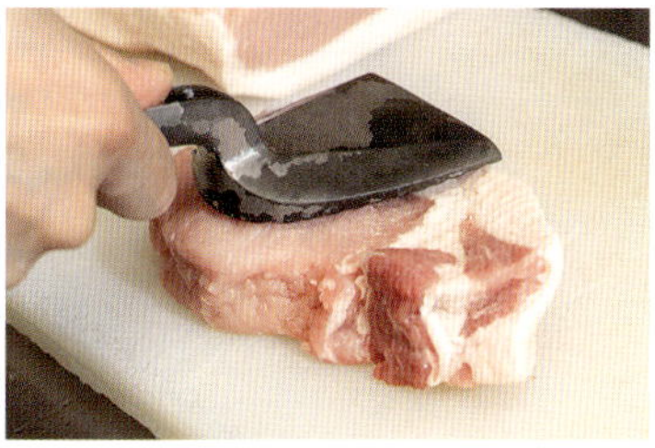

④肉たたきで軽くたたき、片面に塩と白コショウをごく少量ずつふる。

⑤バッター粉をまぶし、手ではたいて余分な粉を落とす。

⑥竹串を使って卵液にくぐらせ、余分な卵液をしっかりと落とす。

⑦パン粉をたっぷりとつけて140℃の揚げ油に入れ、徐々に温度を上げながら10分ほど揚げる。この間、衣が固まったらひっくり返し、その後も数回ひっくり返す。

⑧揚げ上がる少し前に、箸で持ち上げて背側だけ油に浸かるようにし、脂身の部分を重点的に加熱する。揚げ上がり時の油の温度は165℃をイメージ。

⑨網を敷いたバットに置いてやすませ、油をきりながら余熱で火を入れる。この工程は4～5分ほど。切り分けて皿に盛り付ける。

調理のポイント

POINT 1
細かなピッチで筋切り

厚みのある肉のため、筋切りは入念に行う。浅めに、長めに切り込みを入れること。隠し包丁を入れるような要領で、細かなピッチで端から端まで両面を筋切りする。

POINT 2
140℃から揚げ始める

厚さ2㎝程度の肉は比較的低めの140℃の揚げ油に入れ、徐々に温度を上げながらじっくりと火を入れる。

POINT 3
脂身を重点的に加熱

赤身と脂身では火が入るスピードが異なる。脂身のほうが遅く、揚げ時間を脂身に合わせると赤身に火が入りすぎてしまう。そこで、赤身の部分を油から出した状態にして、脂身の多い部分のみ揚げる時間をつくることで、全体に均一に火を入れる。

POINT 4
揚げ7割＋余熱3割

厚みがある肉は、揚げ7割＋余熱3割のイメージで調理し、肉の芯まで火を入れる。「揚げ」だけで肉に充分に火をとおすと、衣が焦げてしまい、肉質もパサついた状態になってしまう。パン粉がこんがりと色づき、表面に小さな気泡が浮いてパチパチと高い音に変わったら油から引き上げるタイミング。

ポンチ軒

特ヒレ丸ごと一本揚げ

約500g

沖縄県産豚のヒレ肉を丸々1本揚げたダイナミックなメニュー。
切り分けた断面は、どこをとっても肉汁がにじむロゼ色。オリジナルの「ゆずペッパーソース」などで味の変化を楽しむのも◎。 2～4人でシェアして食べるのがおすすめ。

材料

《1皿分》
豚ヒレ肉(P.31)…1本(約500g)
塩、白コショウ…各少量
バッター粉*1…適量
卵液（牛乳入り）*2…適量
パン粉…適量
揚げ油（コーン油とゴマ油を6対4の割合でブレンド）…適量

添えもの／レモン

*1 でん粉、大豆粉、大豆たん白、乾燥卵白、パン粉などを配合して結着性を高めたミックス粉。
*2 全卵10個と牛乳150mlを泡立て器でしっかりと混ぜる。

調理の流れ

塩・コショウ ▶ バッター粉 ▶ 卵液（牛乳入り） ▶ パン粉 ▶ 揚げ 140℃→165℃ ▶ 余熱

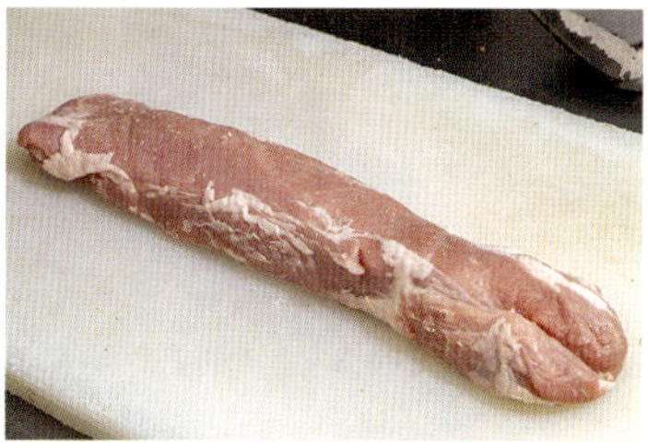

① 豚ヒレ肉は下処理したものをそのまま1本使用する。全体に塩と白コショウをごく少量ずつふる。

② バッター粉をまぶし、手ではたいて余分な粉を落とす。

③ 竹串を使って卵液にくぐらせ、余分な卵液をしっかりと落とす。

④ パン粉をたっぷりとつける。

⑤ 140℃の揚げ油に入れ、徐々に温度を上げながら10分ほど揚げる。

⑥ 写真は揚げ上がりの直前。揚げ上がり時の油の温度は165℃をイメージ。衣がはがれやすいので、揚げている間は極力さわらないこと。

⑦ 網を敷いたバットに置いてやすませ、油をきりながら余熱で火を入れる。この工程は4～5分ほど。

⑧ 切り分けて皿に盛り付ける。

調理のポイント

＼POINT 1／
140℃から揚げ始める

厚みのある肉は比較的低めの140℃の揚げ油に入れ、徐々に温度を上げながらじっくりと火を入れる。

＼POINT 2／
揚げの最中はさわらない

サイズの大きなメニューほど衣がはがれやすいため、揚げている間は極力肉にさわらないこと。鍋が浅いなど、まんべんなく火を入れにくい場合も、できるだけひっくり返すことはせず、少し横に傾ける程度にとどめる。

＼POINT 3／
揚げ7割＋余熱3割

厚みがある肉は、揚げ7割＋余熱3割のイメージで調理し、肉の芯まで火を入れる。なお、パン粉がこんがりと色づき、表面に小さな気泡が浮いてパチパチと高い音がするようになったら油から引き上げるタイミング。

ビーフかつ

メキシコ産牛のサーロインをやわらかな赤身のみにトリミング。
高温のラードに入れてさっと揚げ、余熱でミディアムレアにもっていく。
あっさりとした肉の味わいに、わさびと醤油がよく合う。

材料

《1皿分》
牛サーロイン肉
…1枚（正味200g）
塩、白コショウ…各適量
バッター粉[*1]…適量
卵液（牛乳入り）[*2]…適量
パン粉…適量
揚げ油（ラード）…適量

添えもの／せん切りキャベツ、
レモン、わさび、醤油

*1　でん粉、大豆粉、大豆たん白、乾燥卵白、パン粉などを配合して結着性を高めたミックス粉。
*2　全卵10個と牛乳150mℓを泡立て器でしっかりと混ぜる。

調理の流れ

成形 ▶ たたく ▶ 成形 ▶ 塩・コショウ ▶ バッター粉 ▼ 卵液（牛乳入り） ◀ パン粉 ◀ 揚げ 180〜200℃ ◀ 余熱

やわらかな赤身を
ミディアムレアに

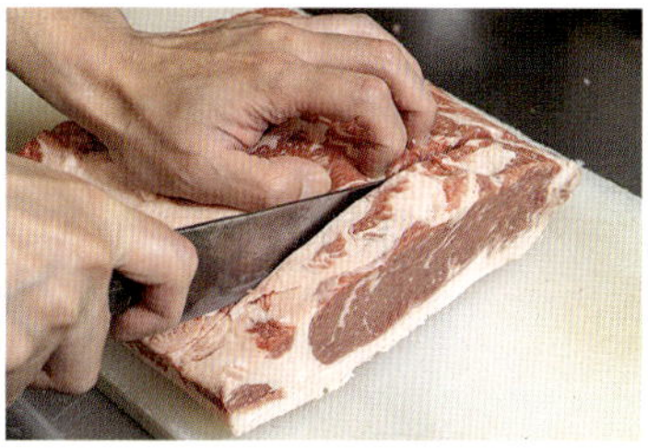

① 牛サーロイン肉を厚めに切り出す。

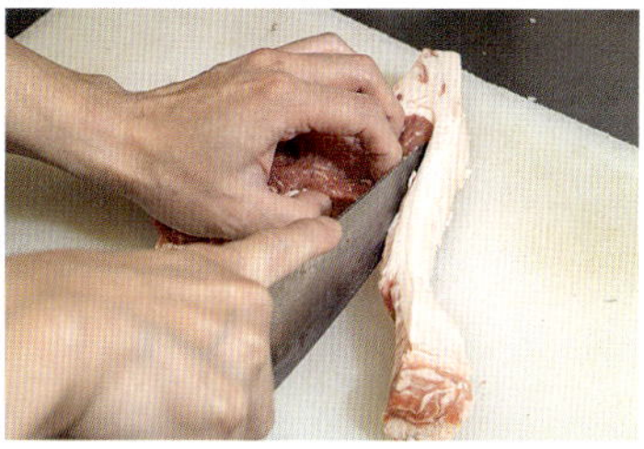

② 赤身をおおっている脂身や筋張った部分をすべて切り取り、赤身のみの状態にする。

③ ラップをかぶせて肉たたきでたたく。

④ 厚みが出るように形をととのえ、塩と白コショウをふる。

⑤ バッター粉をまぶし、手ではたいて余分な粉を落とす。

⑥ 卵液にくぐらせ、余分な卵液をしっかりと落とす。

⑦ パン粉をたっぷりとつける。

⑧ 180～200℃の揚げ油に入れ、油の温度を保ちながら2分ほど揚げる。この間、衣が固まったら適宜ひっくり返す。

⑨ 網を敷いたバットに置いてやすませ、油をきりながら余熱で火を入れる。この工程は2分ほど。切り分けて皿に盛り付ける。

調理のポイント

＼POINT 1／

赤身のみの状態に成形

赤身をおおっている脂身や筋張った部分はすべて取り除き、赤身のみの状態にして使用。全体的にやわらかな、食べやすい仕立てにする。なお、切り取った筋は「牛スジ煮込み」などの一品料理に使用。

＼POINT 2／

“あっさり肉”にはラード

赤身のみのあっさりとした味わいの肉のため、揚げ油はラードを用いて動物性油ならではの風味とコクをプラスする。

＼POINT 3／

牛の揚げは100g・1分

ビーフかつは高温の揚げ油に入れ、短時間で揚げきる。牛肉の揚げ時間は、肉100gあたり1分が目安。この段階では中はまだレアに近い状態で、ここから余熱で火を入れてミディアムレアにもっていく。なお、高温の油だとパン粉が色づきやすいので、適宜ひっくり返して揚げ色を均一につける。

ポンチかつ

ロース肉となじむ、
たっぷりのネギ

きざんだネギを薄切り肉で巻き上げた“ロールかつ”。
ネギのほか、エビ&大葉、キムチ&クリームチーズも相性がよいそう。
あっさり、クセの少ないメキシコ産豚肉を使い、黒コショウをきかせた。

材料

《1皿分》
豚ロース肉（薄切り）…4枚（1枚20g）
長ネギ（小口切り）…1/3本
万能ネギ（小口切り）…適量
塩、黒コショウ…各適量
バッター粉*1…適量
卵液（牛乳入り）*2…適量
パン粉…適量
揚げ油（コーン油とゴマ油を6対3の割合でブレンド）…適量

添えもの／せん切りキャベツ、レモン、和がらし

*1 でん粉、大豆粉、大豆たん白、乾燥卵白、パン粉などを配合して結着性を高めたミックス粉。
*2 全卵10個と牛乳150㎖を泡立て器でしっかりと混ぜる。

つくり方

① 1枚20gの薄切りにした豚ロース肉2枚を、写真のように上下左右を入れ替えて少し重なるようにして置く。これを2セット用意する。

② ラップで挟み、肉たたきでたたく。

③ 小口切りにした長ネギと万能ネギを合わせ、肉の中央に横一直線にのせて塩と黒コショウをともに強めにふる。

④ 横長の状態で手前から奥に向かってくるりと巻く。両端の肉を中に押し込むようにしてとじる。

⑤ 肉の上からラップできっちりと包み、左右の余ったラップをねじりながら形をととのえる。

⑥ バッター粉をまぶし、手ではたいて余分な粉を落とす。

⑦ 卵液にくぐらせ、余分な卵液をしっかりと落とす。

⑧ パン粉をたっぷりとつけて140℃の揚げ油に入れ、油の温度を保ちながら5分ほど揚げる。

⑨ 網を敷いたバットに置いてやすませ、油をきりながら余熱で火を入れる。この工程は2分ほど。切り分けて皿に盛り付ける。

\ POINT 1 /
肉をきっちりと巻く

肉でネギを巻くときは、隙間ができないようにきっちりと巻く。隙間があると揚げている間に中の空気が膨張し、衣が破裂しやすい。破裂を防ぐため、肉に片栗粉をまぶしてから巻くという方法もある。

\ POINT 2 /
140℃・短時間で揚げる

薄切り肉は火のとおりがはやいため、短時間で揚げる。ただし、揚げ油は140℃と決して高い温度ではないため、短時間だが油きりと同時に余熱による火入れも行う。

調理の流れ

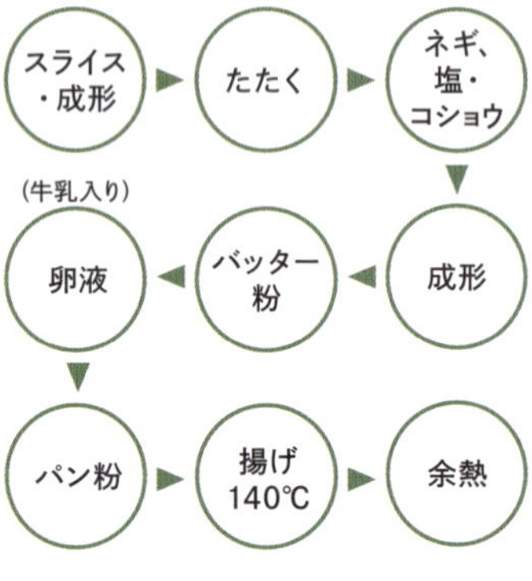

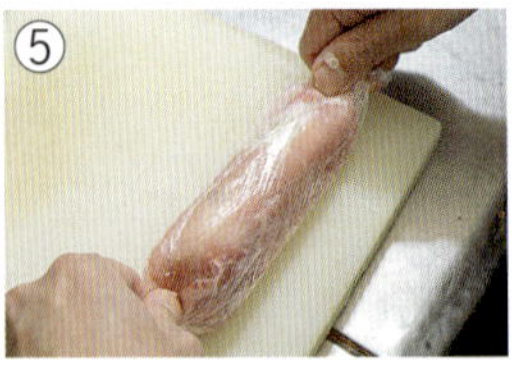

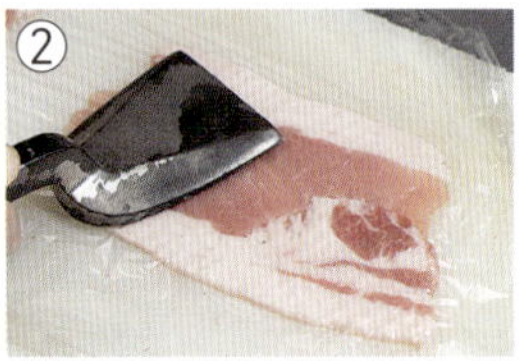

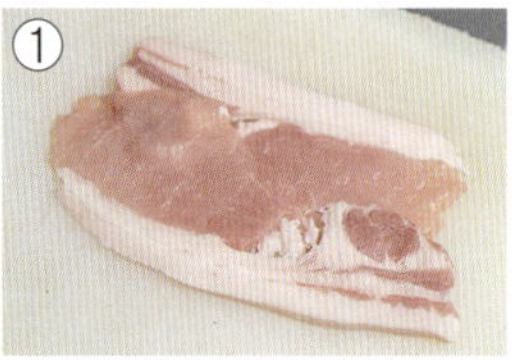

ポテトミンチコロッケ

外はサクッ、中はとろり。続いてゴロッとしたジャガイモの食感と
たっぷりの肉のうまみが口の中に押し寄せる。
あえてバッター液を使って厚みのある衣にするのもポイント。

調理の流れ

タネの準備 ▶ 成形 ▶ バッター液 ▼ パン粉・成形 ◀ 揚げ140℃

\ POINT 1 /

タネには片栗粉を配合

片栗粉を配合してとろりとした食感に仕上げる。また、ジャガイモと肉は同量ずつ使用し、肉とジャガイモともに存在感を出す。

\ POINT 2 /

バッター液で衣は厚めに

コロッケには全卵にバッター粉を多めに加えたバッター液を使用。タネの外側に比較的厚めの層をつくり、その中で蒸し上げるようなイメージでタネにゆっくりと火を入れる。同店ではイカフライやメンチカツにもバッター液を用いる。

中は挽き肉たっぷり、
とろりとした質感

材料

《1個分》
タネ…以下より80g
- ジャガイモ（男爵）…1kg（皮をむいた状態で計量）
- 豚挽き肉…1kg
- 玉ネギ…2個
- ブイヨンスープ…150mℓ
- シーズニングソース…15mℓ
- 片栗粉…35g
- 塩、白コショウ…各適量
- 白ワイン…少量
- 炒め油（ラード）…適量

バッター液…以下より適量
- 全卵…5個
- バッター粉*…100g

パン粉…適量
揚げ油（コーン油とゴマ油を6対3の割合でブレンド）…適量

添えもの／せん切りキャベツ、和がらし

＊でん粉、大豆粉、大豆たん白、乾燥卵白、パン粉などを配合して結着性を高めたミックス粉。

つくり方

① タネを準備する。ジャガイモは皮つきのままたっぷりの湯で茹でる。皮をむいてざく切りにする。

② 玉ネギはみじん切りにし、油をひかずに鍋で炒める。水分がとんだらバットにあけて粗熱をとる。

③ ボウルにブイヨンスープ、シーズニングソース、片栗粉、塩と白コショウを入れ、混ぜ合わせる。

④ 鍋に炒め油をひき、豚挽き肉を炒める。肉がほぐれたら白ワインを加え、水分がとんだら①と②を加えて軽く炒め合わせる。

⑤ ④に③を加え、軽く混ぜ合わせる。ひと煮立ちしたら火からおろす。粗熱をとり、保存容器に移して冷蔵庫で冷ます。

⑥ バッター液を準備する。全卵とバッター粉を混ぜ合わせる。

⑦ タネを1個80gに計量し、手で丸めて団子状にする。

⑧ バッター液にくぐらせる。パン粉の入ったバットに移し、手のひらを押しつけて厚みのある円盤状に形をととのえながら、パン粉をたっぷりとつける。

⑨ 140℃の揚げ油に入れ、油の温度を保ちながら8分ほど揚げる。タネがやわらかく、形がくずれたり破裂したりしやすいので、揚げている間はさわらないこと。網を敷いたバットに移して油をきり、皿に盛り付ける。

アジフライ

縁起のよい末広がりの、個性的なフォルムのアジフライ。
良質な生食用のアジを新鮮なうちに下処理し、180～200℃のラードでさっと揚げる。
アジの豊かな風味と、ふんわりとした身の食感が印象的。

材料

《1皿分》
アジ…1尾
塩、白コショウ…各適量
バッター粉[*1]…適量
卵液（牛乳入り）[*2]…適量
パン粉…適量
揚げ油（ラード）…適量

添えもの／せん切りキャベツ、レモン、おろしポン酢、大葉、タルタルソース

＊1 でん粉、大豆粉、大豆たん白、乾燥卵白、パン粉などを配合して結着性を高めたミックス粉。
＊2 全卵10個と牛乳150㎖を泡立て器でしっかりと混ぜる。

調理の流れ

下処理・成形 ▶ 塩・コショウ ▶ バッター粉 ▶ 卵液（牛乳入り） ▼ パン粉 ◀ 揚げ 180～200℃

①アジは両側から胸ビレの後ろに包丁を入れ、頭を切り落とす。

②尾のつけ根から包丁を入れ、ゼイゴ（写真の黒枠部分）を取り除く。これを両側行う。

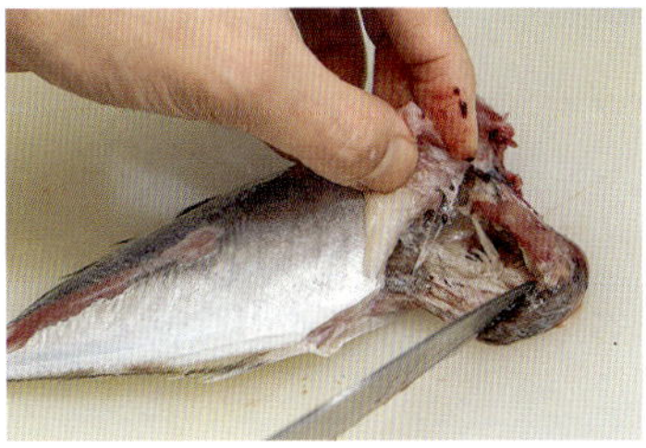

③腹の身を少し切り落とし、内臓をかき出す。

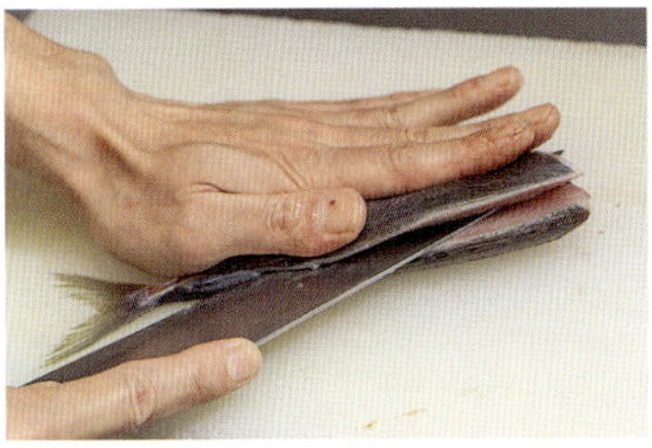

④背から中骨に沿って尾のつけ根まで包丁を入れる。このとき、尾のつけ根で身を切り離さないこと。

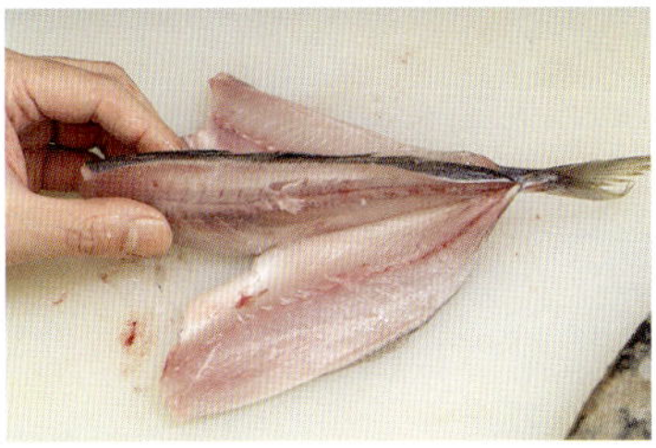

⑤ひっくり返して工程④と同様にして包丁を入れ、身を開く。写真のような状態になる。

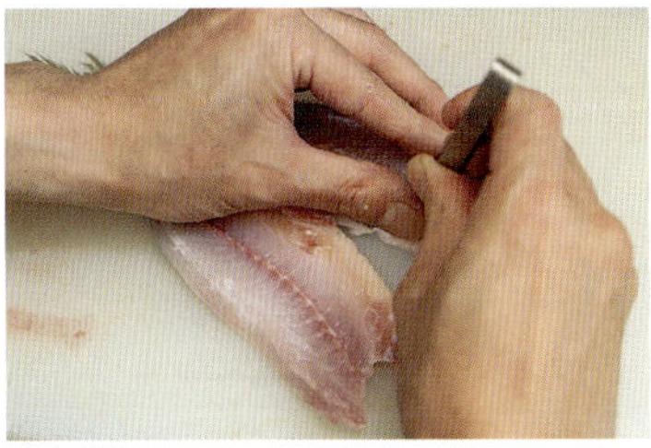

⑥尾は残したまま、中骨を切り取る。流水で洗い、水けをふき取る。ピンセットで小骨を取り除く。

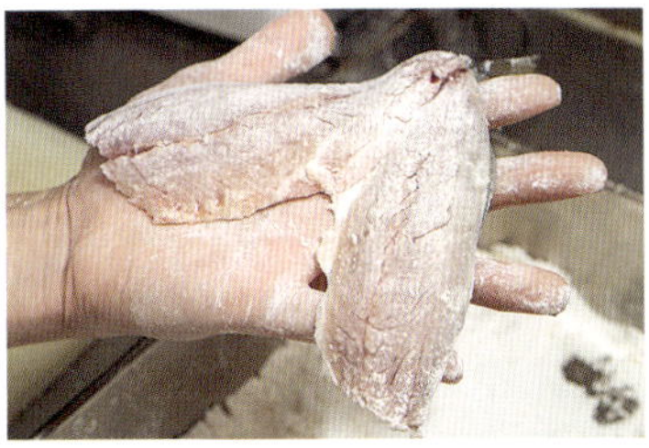

⑦身側に塩と白コショウをふり、バッター粉をまぶして手ではたいて余分な粉を落とす。

⑧卵液にくぐらせ、余分な卵液をしっかりと落とす。身が開いた状態にしてパン粉をたっぷりとつける。

⑨皮目を下にして180～200℃の揚げ油に入れ、油の温度を保ちながら1分ほど揚げる。この間、衣が固まったら二度ほどひっくり返す。網を敷いたバットに置いてさっと油をきり、皿に盛り付ける。

調理のポイント

＼POINT 1／
背開きで独特の見た目に

八の字に広がったような特徴的な形に仕上げるため、アジは背開きにする。

＼POINT 2／
アジフライにはラード

アジはラードで揚げることで動物性油ならではの風味とコクをプラスする。

＼POINT 3／
高温・短時間で揚げる

魚は揚げすぎると身がパサついてしまうため、高温の揚げ油で短時間で揚げる。ここでは揚げ時間は1分だが、その段階で9割以上火を入れ、バットに移してさっと油をきる間に仕上がるイメージで作業する。

とんかつメニュー
バリエーション

多彩な部位でメニュー展開
「とんかつ ひなた」の〝ごちそうとんかつ〟

東京・高田馬場が「とんかつ激戦区」といわれるようになったのは、「成蔵」という超人気店の台頭によるところが大きい。その高田馬場に「とんかつ ひなた」が彗星のごとく現れたのは、2017年1月のこと。激戦区で瞬く間に人気店の仲間入りを果たしたひなただが、とんかつファンの琴線にふれたのは、味はもちろんだが、メニューや食べ方などに見られる独自性にある。

メニュー表にはロースやヒレといった定番の部位とともに、「リブロース」「しきんぼ」「らんぷ」など、とんかつ店ではあまり耳慣れない部位も並ぶ。リブロースは、ロース1本の中の肩寄りの部分のことで、脂ののりがよく、「上ロース」の名称で扱われることもある肉だ。しきんぼは「もも」の一部、らんぷは「そともも」の一部で、このほかに「い

上リブロースかつ(250g)　定食2500円

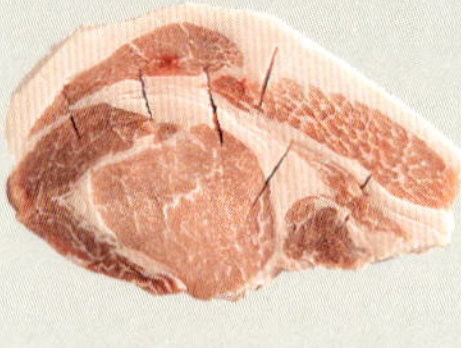

ロース1本の中の肩寄りの部分。甘みのある、たっぷりの脂身が魅力だ。「まずは何もつけずに脂身から食べてほしい」と眞杉さん。リブロースは「上」のほか、より良質な肉を使う特選リブロースかつ定食(250g)3500円も用意。

とんかつ ひなた

東京都新宿区高田馬場2-13-9
☎03-6380-2424

ちぼ」（尻のあたり）や「トントロ」（頬からネックの部分）といったメニューもラインアップしている。焼肉店の牛肉を思わせる、部位の細分化による多彩なメニュー展開だ。

「とんかつに向く、『これだ！』と思った銘柄豚に限定し、なおかつ豚の枝肉を丸々購入しているからこそ可能なメニュー構成だと思います」と語るのは、ひなたの開発を担ったプロデューサーの眞杉大介さん。同店のプロジェクトは眞杉さんとオーナーがタッグを組み、開業の約2年前に始動した。全国の銘柄豚をひたすら試食したそうで、その数は50～60にのぼるというから驚きだ。

最終的に行き着いたのは、宮城県の農家が手がける、通称「漢方豚」。ハーブなど14種類の素材をブレンドした漢方飼料で育てるが、生産者と相談しながら育成方法を細かく調整するなど、ひなたオリジナルの肉質を追求したこだわりの豚肉だ。

揚げものにオリーブ油!?

とんかつは、まずは塩やソースをつけずにそのまま食べることをすす

イチボかつ（50g）　**単品500円**（写真上）

尻付近の一部にあたる「イチボ」。赤身と脂身のバランスがよく、熱々のとんかつを口にすると脂身が弾け、じゅわっとうまみが広がる。「串カツなどにしてもおいしい部位。からしがよく合います」。

らんぷかつ（180g）　**定食1800円**

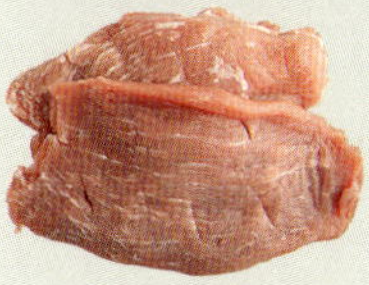

腰から尻にかけての「そともも」の一部を「らんぷ」として提供。脂身はなく、赤身主体。「ヒレのやわらかさと、ロースのうまみのいいとこどり。豚肉らしい独特の香りもほどよくあります」。

とんとろかつ（50g）　**単品500円**（写真下）

頬からネックにかけての部位を「とんとろ」のネーミングで提供。ジューシーで、ほどよく弾力のある独特の食感も楽しい。「脂の香りがよく、わさびと塩で食べるのがおすすめです」。

めているが、テーブルには常時、塩2種類、とんかつソース2種類、オリーブ油などを用意しており、さらに「特選」メニューには「トリュフ塩」を別添えで提供する。「揚げものにオリーブ油!? と思われるかもしれませんが、オリーブ油を数滴たらすと、とんかつの味が丸く、まろやかになるんです」と眞杉さん。

たんに調味料を豊富にそろえるだけではなく、「リブロースは奄美産の天日塩やソース、ヒレはトリュフ塩がおすすめです。オリーブ油も合いますよ」といった具合に、各部位に合った食べ方をメニュー表や口頭で提案している点もユニークだ。

「ひなたのコンセプトは〝板前とんかつ〟です。厨房で腕をふるう板前とお客さまの間に会話が生まれると、とんかつはもっとおいしくなる、と考えました。だから、客席もカウンター席のみにしています」

コースで部位を食べ比べ

このコンセプトが上手に表現されているメニューが、「食べ比べコース」（3500円）だ。部位の異なる

6種の部位が
楽しめる
コースも人気!

しきんぼかつ（140g）　単品1000円

「しきんぼ」は、「そともも」寄りの「もも」の一部。きめが細かく、赤身主体で、わずかに脂肪がのっている。「質感はヒレによく似ています。トリュフ塩と相性抜群。オリーブ油もおすすめです」。

上上／定食メニューは、ロースかつ定食（130g）1300円（ランチは1000円）〜で、ごはん、豚汁、お新香が付く。定食のアッパーメニューの「特選」は、ロースかつ、リブロースかつ、ヒレかつの3種類で2800円〜。一部のメニューにはトリュフ塩（写真右上）が添えられる。　上／「食べ比べコース」のお品書き。部位ごとにおすすめの食べ方を記載。　下／テーブルには「奄美の天日塩」「インカの天日塩」、ソース2種類、オリーブ油などを用意。

さらさらソース
とんかつソース
オリーブ油も!
多彩な
食べ方を提案!

6種類のとんかつが1切れずつ順に登場し、汁ものと小さめの「ソースかつ丼」で締めるのがコースの流れ。提供時には部位や食べ方の説明をさらりと添える。「1切れずつなので、ベストなタイミングで揚げたとんかつを、食べどきを逃さずに試してもらえるのもコースの魅力です。1時間〜1時間半、じっくりとんかつを楽しんでもらえます」と眞杉さん。夜はお客の半数がコースを目当てに訪れるなど、人気は上々だ。

アイデア満載のひなただが、じつは眞杉さんは別に本業をもつビジネスマン。ただし、1年間にのべ250〜260店でとんかつを食べるという、〝超〟がつくほどのとんかつ好きだ。「自分が料理人ではないからこそ、何かに縛られることなく自由に発想できた部分はあるかもしれません。でも、調理に関しては素人ですから、ずいぶん勉強しましたし、苦労もありました。とんかつは、ほんとうに奥が深い料理だと思います。〝ごちそう〟と呼べるとんかつをめざして、これからも研究を重ねていきたいですね」と眞杉さんは語る。

漢方飼料で育てた宮城県産の豚の枝肉を丸々仕入れ、さまざまな部位をとんかつに仕立てて提供する。「脂身の甘みと軽さ」がこの豚肉を選ぶ決め手になったそうで、「あっさりでも濃厚でもない、ロースが苦手な人でも食べやすい味わい」と眞杉さん。　／写真右上は、「リブロース」として提供するロースの肩寄りの部分の肉。　／ぶ厚く切り出した豚肉は、しっかりと筋切りをしてから衣をつける。たたいたり、塩をふったりはせずに、肉本来の味と食感を全面に打ち出すのが「ひなた」流だ。↗

豚肉に粉と卵を順にまとわせたら、粗めと細かめの2種類をブレンドしたパン粉をまぶし、フライヤーへ。　／揚げ油は植物性油に「漢方豚」のラードを合わせたもので、季節によって配合を変えている。上リブロースの場合、揚げ時間は6〜7分で、その後、網に4分ほどおいて油をきりながら余熱で仕上げる。　／店内は温かみのある和風のデザイン。客席はL字形のカウンター席のみのシンプルな設計。　／写真左下は、プロデューサーの眞杉大介さん（右）と厨房をリードする前中雄吉さん。

洋食店

ぽん多本家

［東京・御徒町］

明治38年（1905年）創業の「ぽん多本家」。名物の「カツレツ」の評判から、とんかつ店と思われることもあるが、当時の宮内省大膳寮で西洋料理を担当していた島田信二郎さんが開いたれっきとした洋食店だ。ゆえに、「とんかつ」ではなく「カツレツ」と呼び、タンシチューなど〝ごはんに合う洋食〟がそろう。今は四代目の島田良彦さんが兄弟で店を切り盛りし、歴史ある老舗の仕事を守り続ける。

メニュー（抜粋）

カツレツ ---2700円
穴子フライ---3780円
きすフライ---3780円
柱フライ---3780円
海老コロッケ --- 3700円
いかフライ---2700円
車海老フライ ---時価
蛤バタヤキ ---3240円
アワビバタヤキ---時価
タンシチュー --- 4320円
ビーフシチュー --- 4320円
ポークソテー ---3780円
ヤサイサラダ ---1080円

酒肴
赤貝 ---2700円
いか ---2700円
むしアワビ --- 時価

ご飯・赤だし・おしんこ ---540円

JR御徒町駅にほど近い場所に店を構える。趣のある、威風堂々としたたたずまいだ。1階はカウンター席、2階（左写真）はテーブル席主体。

ぽん多本家

東京都台東区
上野3-23-3
☎03-3831-2351

豚肉を磨き上げ、〝命〟のラードを炊く。名物「カツレツ」を生み出す老舗の仕事

「ぽん多本家」の「カツレツ」は、〝ハレの日の食事〟と呼ぶにふさわしい、家庭では真似できないアイデアと技術の詰まった逸品だ。まず、とんかつとしては色白の見た目にはっとさせられるが、口にしてからの驚きはさらに上をいく。ヒレのように脂身の存在をいっさい感じないが、味わいはロースそのもの。赤身主体でありながら、コクも備わっている。

「ロースの塊から脂身や筋を徹底的に取り除き、いわゆる〝ロース芯〟だけをカツレツに使うんです」と話すのは、四代目の島田良彦さん。その理由は、脂身と赤身では火の入るスピードが異なるため。ぜいたく、かつ大胆にトリミングをして赤身だけにすることで、均一な火どおりを実現しているわけだ。赤身のみだと淡泊だが、そのぶん自家製の新鮮なラードで揚げてコクと香りをプラスする。

「フライにとって揚げ油は、ある意味〝命〟です。〝すし〟でいうところの〝シャリ〟にあたります。シャリがよくなければ、質のよいネタをのせてもうまいすしにはならない。うちのフライは、うちで炊いたラードじゃないとオリジナルにならないんです」

カツレツは120～130℃で揚げ始め、徐々に油温を上げながら肉にじんわりと火を入れる。余熱による火入れの時間はとらず、〝揚げ〟だけでほぼ完成形にもっていくのも同店のスタイル。こうした独自のレシピが、じつに100年以上にわたって継承され、変わらぬ仕事を今に伝えているのだ。

ぽん多本家のメニューには、「穴子フライ」や「きすフライ」「柱フライ」（青柳の貝柱のフライ）など、一般的な洋食店やとんかつ店では見られない魚介のフライもある。これらに共通するのは、天ぷらに使用する素材、いわゆる〝天ダネ〟の定番であるということ。使用する魚介の多くは、高級天ぷら店御用達の業者から仕入れている。

「伝統的な食文化、商売として、天ぷらを意識している部分はありますね。歴代の店主もそうですし、私も修業時代に先輩の天ぷら屋さんから学んだことがたくさんあります。父からも、『天ぷら屋ではキスを見るんだ。キスを見ればその店の格がわかる』と教わりましたね」と島田さんは語り、こう続ける。

「時代の流れのなかで、天ぷらは高級路線も確立されましたが、カツレツなどの洋食は大衆化がどんどん進みました。そうした状況でも、うちは創業以来の〝ハレの日の食事〟という立ち位置をくずさず、この先も歴史を紡いでいきたいと思っています」

店内一角に飾られた洋食器のコレクション。いずれも大倉陶園の年代ものだ。昭和後半から平成15年まで使っていたメニュー表には、今とほぼ変わらない店の定番料理が並ぶ。

揚げ油

自店で炊き上げたラードで
コクと香りをプラスする

創業当時から一貫して自家製のラードを使用。34頁に詳しいが、ロースから切り取った脂身にごく少量の牛脂を合わせ、じっくりと炊いて油を抽出。その後、漉して、残ったカスはマッシャーで絞るなど、手間暇かけて混じりっけのないこがね色のラードを完成させる。自家製ならではの新鮮なラードは、香りもコクもじつに豊かだ。「脂身のついた豚肉をこの油で揚げるのはご法度。油がすぐに酸化してしまうんです。逆を言うと、赤身だけの状態にして揚げるうちのカツレツとは相性が抜群にいいんです」。なお、フライの調理は、ステンレス製の鍋あるいはフライパンで行う。

肉

関東の産地に的を絞って選定。
赤身の質感、味わいを最優先

群馬県、千葉県、栃木県などで生産された関東産の生の豚肉を仕入れる。「昔ながらの感覚で、関西は牛、関東は豚という食文化のイメージが自分にも染みついているので」と島田さん。また、「特定の銘柄に限定すると、その豚の状態が悪いときに対応が難しい」との考えから、銘柄にはこだわらない。脂身を含めた肉全体の質ではなく、赤身の質を最優先して選ぶのも特徴だ。もちろん、いわゆる“水豚”はNGで、「冬よりも夏のほうが水っぽい」というのが島田さんの経験則。納得のいく肉質でなければ別の産地に切り替えるなど、業者を介して臨機応変に対応している。

提供方法

食器や付合せにも老舗らしい演出。
ウスターソースも自家製

料理は大倉陶園製の皿にのせて提供。洋食らしさやごちそう感を感じさせる、老舗らしい演出だ。また、カツレツにはせん切りキャベツがつくが、穴子フライには自家製ドレッシングで和えたレタスを添えるなど、メニューによって付合せを変えている。「フライは、最初のひと切れはそのまま食べてほしいですね。そこで塩梅をみて、お好みでソースやからしを使ってもらえたら」と島田さん。テーブルにはウスターソースと和がらしのほか、ケチャップなども用意。ウスターソースは自家製で、「さらっとしていて軽やかな、飽きのこない味わい」に仕上げている。

衣

砂糖不使用の粗めの生パン粉。
揚げ方との合わせ技で色白に

粉は薄力粉を選択。パン粉は砂糖不使用で糖分を抑えた、粗めの生パン粉を仕入れている。このパン粉の特性と比較的低温から揚げ始める調理法の工夫が相まって、粗めのパン粉がサクサク感を訴求する一方で、揚げ色は浅く、品のよさを感じさせるカツレツに仕上がる。かつてはパン粉も自家製で、3斤サイズの食パンを使って仕込んでいた時代もあったそう。“みみ”が乾燥するまで乾かしたのち、みみを切り落とし、残りの部分をちぎってふるいで挽いていたという。パンは温度や湿度の影響を受けやすいため、適度に乾燥させるのが難しく、手間のかかる作業だったそうだ。

ぽん多本家

カツレツ 200g

脂身やかぶりを徹底的に取り除いた「ロース芯」のみを揚げるぜいたくな一品。
ロース肉の赤身の持ち味である、うまみ、ジューシーさ、やわらかさが際立つ。
ロース芯に加工する一方で、自家製ラードでコクを補い、奥行きのある味わいに。

材料

《1皿分》
豚ロース肉（P.26）…1枚（160g）
塩、白コショウ…各適量
薄力粉…適量
全卵（溶きほぐす）…適量
パン粉…適量
揚げ油（ラード主体／ P.34）…適量

添えもの／せん切りキャベツ、パセリ、ジャガイモフライ

調理の流れ

たたく・成形 ▶ 塩・コショウ ▶ 薄力粉 ▶ 卵液 ▶ パン粉 ▶ 揚げ 120～130℃→160℃

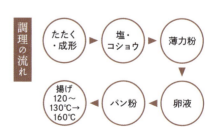

つくり方

衣は淡い色合い。肉汁あふれるロース芯

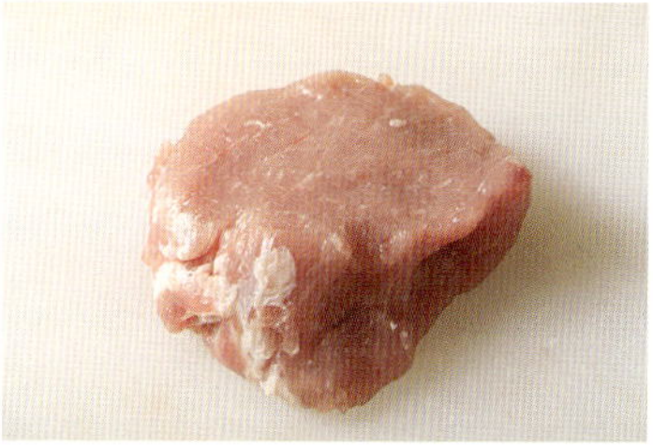

① 脂身やかぶりを取り除いて「ロース芯」のみにした豚ロース肉を用意する。

② 豚ロース肉は肉たたきでしっかりとたたく。

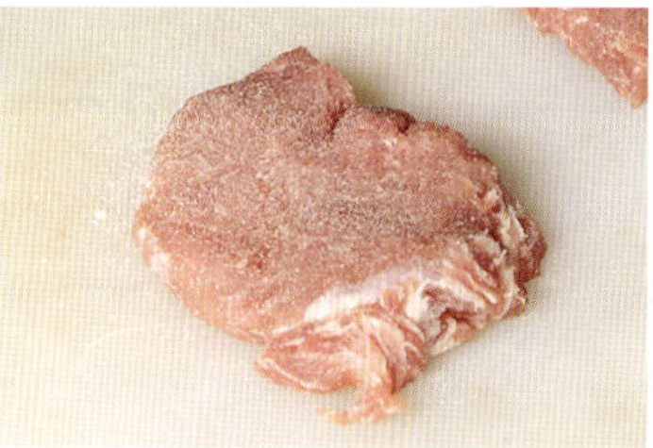

③ 厚みが出るように形をととのえ、片面に塩と白コショウをふる。塩と白コショウをふった面を「表」、反対の面を「裏」として以降の工程に進む。

④ 肉の表を上にして薄力粉を全体にまぶし、手ではたいて余分な粉を落とす。

⑤ しっかりと溶きほぐした全卵（卵液）に、表を下にして箸を使ってくぐらせ、余分な卵液を落とす。

⑥ パン粉をたっぷりとつけ、表を上にしてバットにのせる。

⑦ 120～130℃の揚げ油に表を上にして入れ、衣が固まるまで揚げる。衣がはがれやすいので、この間はさわらないこと。

⑧ 衣が固まったらひっくり返し、そのままさわらずに徐々に温度を上げながらトータルで約10分揚げる。この間、アクのような細かな泡が浮いてきたら適宜取り除く。揚げ上がり時の油の温度は160℃。

⑨ 網を敷いたバットに置いて油をきる。このとき、一定時間やすませて意識的に余熱で火を入れることはしない。ひと口大に切り分けて皿に盛り付ける。

調理のポイント

POINT 1
「ロース芯」を用いる

脂身とかぶりを除去し、「ロース芯」のみの状態にしたロース肉を使う。脂身と赤身は火がとおるスピードが異なるが、脂身をはずした状態なので一定時間で均一に火を入れることができ、赤身のベストなタイミングで揚げきることが可能。

POINT 2
肉の繊維をほぐす

肉たたきでたたいて繊維をほぐし、肉質をやわらかくするとともに、火どおりをよくする。

POINT 3
低温から揚げ始める

120～130℃の揚げ油に肉を入れ、じわじわと160℃まで温度を上げる。「衣の中で肉を蒸し煮にするようなイメージ」（島田さん）で、ぐーっと火を入れていく。揚げ上がりの段階で火が9割5分以上入ってる状態にし、バットに移してからはさっと油をきるのみ。

POINT 4
ひと口サイズにカット

食べやすさを意識し、横に半分に切ってから等間隔で縦に包丁を入れ、ひと口サイズに切り分ける。脂身のついた肉の場合、同様に切るとひと切れごとに赤身と脂身のバランスが異なり、極端に脂身の多い部分も生じてしまうが、ロース芯のみのため、どこを食べても一定の味が楽しめる。

穴子フライ

鮮度のよい、丸々と太った活〆のアナゴの身は、ふっくら、しっとり。
やや高めの温度で適宜ひっくり返しながら揚げ、両面からまんべんなく火を入れる。
ラードでコクをプラスし、天ぷらとはひと味違ったフライならではの味わいに。

材料

《1皿分》
アナゴ（活〆）… 2尾
薄力粉…適量
全卵（溶きほぐす）…適量
パン粉…適量
揚げ油（ラード主体／ P.34）…適量

添えもの／レタス（ドレッシングで和えたもの）、トマト、パセリ、レモン

調理の流れ

下処理・成形 ▶ 薄力粉 ▶ 卵液 ▶ パン粉 ▶ 揚げ 140〜150℃→180℃以上

① アナゴは目打ちをしてエラの下に包丁を入れ、背から開く。

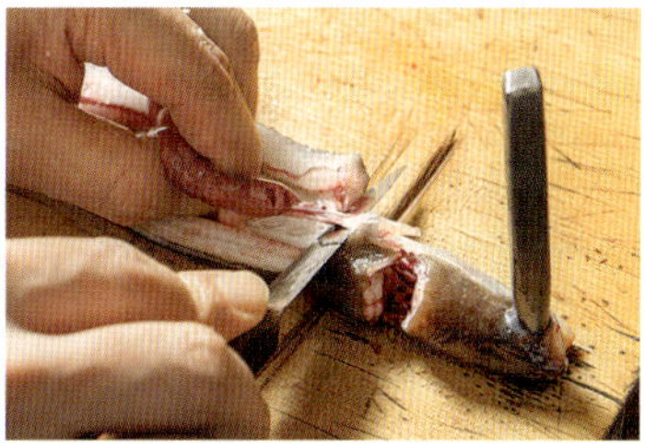

② 内臓を取り除く。

③ 中骨を切り取り、頭を落とす。

④ 腹をキッチンペーパーでふく。

⑤ 薄力粉をまぶし、手ではたいて余分な粉を落とす。

⑥ しっかりと溶きほぐした全卵(卵液)に、皮目を下にして箸を使ってくぐらせ、余分な卵液を落とす。

⑦ パン粉をたっぷりとつけ、皮目を下にしてバットにのせる。

⑧ 140〜150℃の揚げ油に皮目を下にして入れ、衣が固まるまで揚げる。衣がはがれやすいので、この間はさわらないこと。

⑨ 衣が固まったら適宜ひっくり返し、徐々に温度を上げながらトータルで約7分揚げる。揚げ上がり時の油の温度は180℃以上。網を敷いたバットに置いて油をきる。切り分けて皿に盛り付ける。

調理のポイント

\ POINT 1 /
鮮度の高いうちに調理

活〆の鮮度の高いアナゴを使用。〆てからしばらくの間は、身はだらんとした状態。この状態のときにさばいて調理する。時間が経つと身が硬直してしまう。

\ POINT 2 /
動物性油の風味をプラス

揚げ油にはカツレツと同様にラードを使用。動物性油でコクをプラスし、天ぷらとは違った、フライならではのアナゴの味わいをアピールする。

\ POINT 3 /
中〜高温で揚げる

皮目にしっかりと火を入れるため、またアナゴ独特のにおいを抑えるために、カツレツよりも強めに揚げることを意識。カツレツよりも高めの140〜150℃の揚げ油に投入し、180℃以上になるまで徐々に温度を上げながら揚げる。

\ POINT 4 /
適宜返して均一に火入れ

皮目と身側では火のとおり方が異なるため、適宜ひっくり返しながらまんべんなく火を入れる。「衣の中で身が蒸され、その状態が最高潮に達すると身と皮の間からピシッという音が出始める」と島田さん。その音が揚げが終盤に突入した合図で、そこからもう少し揚げて調理完了。

きすフライ

ぽん多本家

江戸前ネタの定番キスを3尾揚げてひと皿に。キスは鮮度がよく、しっかりと太ったものを使う。尾に身が 2 枚ぶら下がったような独特の形も「ぽん多本家」流。しっかりと火をとおして余分な水分を抜きつつ、たんぱくな味わいを凝縮させてキスの持ち味をアピール。

材料

《1皿分》
キス…3尾
塩水…適量
薄力粉…適量
全卵（溶きほぐす）…適量
パン粉…適量
揚げ油（ラード主体／ P.34）…適量

添えもの／レタス（ドレッシングで和えたもの）、トマト、パセリ、レモン

調理の流れ

下処理・成形 ► 薄力粉 ► 卵液 ► パン粉 ► 揚げ 150～160℃→180℃以上

つくり方

大ぶりで
身のふっくらとしたキス

① キスは包丁でウロコを引き、頭を落とす。

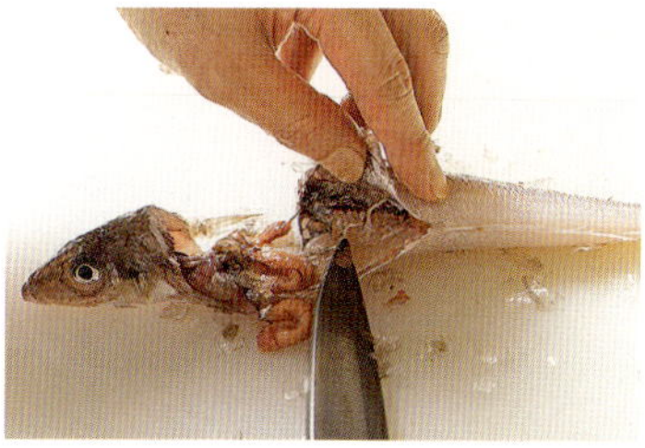

② 腹に少し包丁を入れて開き、内臓をかき出す。塩水で洗い、水けをふき取る。

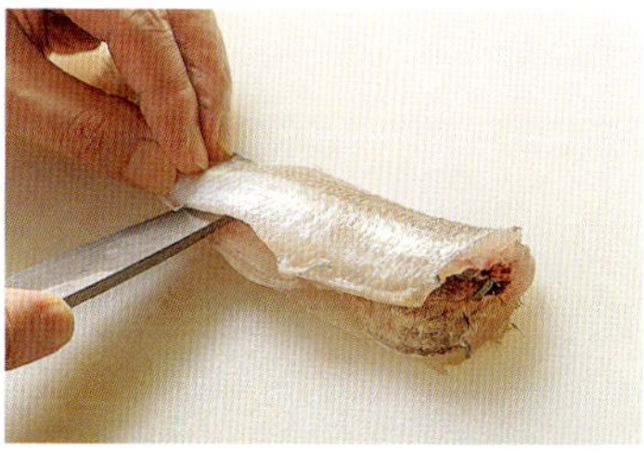

③ 中骨に沿って尾のつけ根まで包丁を入れる。

④ ひっくり返して反対側も工程③と同様にして包丁を入れる。3枚におろすイメージで腹から背まで包丁を届かせ、中骨と両側の身をそれぞれ切り離すこと。ただし、尾はつながったままにしておく。

⑤ 尾は残したまま中骨を切り取り、続けて腹骨をそぎ落とす。尾を持って持ち上げると、尾の下に身が2枚ぶら下がった状態になる。

⑥ 尾を持って身を開いた状態にし、薄力粉をまぶす。手ではたいて余分な粉を落とす。身を開いたまま、しっかりと溶きほぐした全卵（卵液）に皮目を下にしてくぐらせ、余分な卵液を落とす。

⑦ パン粉をたっぷりとつけ、皮目を下にしてバットにのせる。

⑧ 150～160℃の揚げ油に皮目を下にして入れ、衣が固まるまで揚げる。衣がはがれやすいので、この間はさわらないこと。

⑨ 衣が固まったら適宜ひっくり返し、徐々に温度を上げながらトータルで約4分揚げる。揚げ上がり時の油の温度は180℃以上。網を敷いたバットに置いて油をきり、皿に盛り付ける。

調理のポイント

＼POINT 1／
動物性油の風味をプラス

揚げ油にはカツレツと同様にラードを使用。動物性油でコクをプラスし、天ぷらとは違った、フライならではのキスの味わいをアピールする。

＼POINT 2／
中骨の両側の身を切り離す

天ぷらでは背開きなどにして1枚に開いた状態にするが、ここでは3枚おろしの要領で包丁を入れて両側の身をきっちりと切り離す。このほうが、ふっくらと揚げ上がった身の食感をより楽しめるそう。

＼POINT 3／
中～高温で揚げる

キスは水分量が多く、味わいがたんぱく。そこでしっかりと水分を抜いてうまみを凝縮させるため、カツレツよりも強めに揚げることを意識。カツレツよりも高めの150～160℃の揚げ油に投入し、180℃以上になるまで徐々に温度を上げながら揚げる。

＼POINT 4／
適宜返して均一に火入れ

皮目と身側では火のとおり方が異なるため、適宜ひっくり返しながらまんべんなく火を入れる。なお、揚げる際は作業性などに鑑みて、鍋ではなく浅いフライパンを使用する。

柱フライ

青柳の貝柱は、かき揚げに用いるなど「小柱」の名で定番の天ダネ。それを独特の調理法でひとまとめにし、高温のラードで一気に揚げた。サクッ、ほろっとくずれるリズミカルな食感に、ややレアに仕上げた貝柱ならではのねっとり感も加わり、口の中を楽しませる。

材料

《1皿分》
青柳の貝柱…適量
薄力粉…適量
卵黄…適量
パン粉…適量
揚げ油（ラード主体／ P.34）…適量

添えもの／せん切りキャベツ、パセリ、レモン

調理の流れ

薄力粉 ► 卵黄と混ぜる ► パン粉・成形 ► 揚げ 180℃

ほろっとくずれ、
レアの身が顔を出す

① 青柳の貝柱を用意する。写真の状態から調理を始める。

② 青柳の貝柱に薄力粉をまぶす。

③ 卵黄を入れたボウルに①を加え、和えるようにして混ぜ合わせる。

④ 写真のように粉っぽさがなくなり、貝柱にしっかりと卵黄がからんだら混ぜ終わり。

⑤ スプーンを使って適量ずつに分けながらパン粉の上に置く。

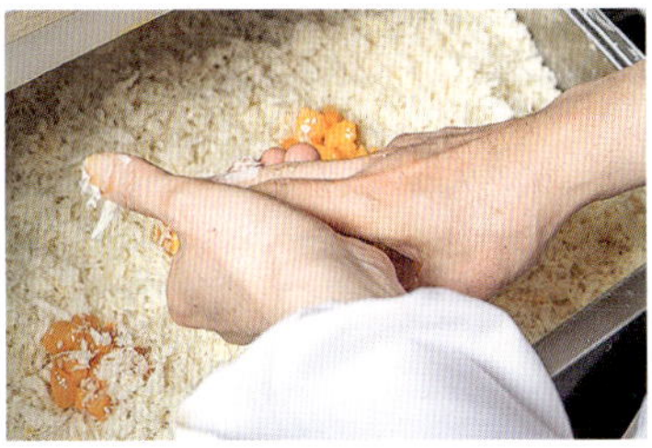

⑥ 小分けにした貝柱をパン粉ごと手ですくい、すしを握るようにして丸く成形しながらパン粉をまんべんなくつける。

⑦ 写真は成形し、パン粉をつけた状態。これを1皿に5個使用する。

⑧ 180℃の揚げ油に入れて1分ほど揚げる。この間、衣がはがれないように注意しながら数回ひっくり返す。

⑨ 網を敷いたバットに置いて油をきり、皿に盛り付ける。

調理のポイント

POINT 1
独特の衣でまとめる

全卵ではなく卵黄を使用。薄力粉をまぶした貝柱と卵黄を和えて衣をまんべんなくまとわせ、貝柱どうしの結着性を高める。

POINT 2
動物性油で風味をプラス

揚げ油にはカツレツと同様にラードを使用。動物性油でコクをプラスし、天ぷらとは違った、フライならではの貝柱の味わいをアピールする。

POINT 3
高温・短時間で揚げる

素材の風味と食感を生かすため、ややレアの仕上がりをイメージして調理。180℃の高温の揚げ油に入れ、1分程度でさっと揚げきる。

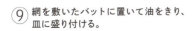

洋食店

レストラン 七條

［東京・神田］

1979年に開業した「レストラン七條」。現在は、フランス料理の名店「北島亭」で修業を積んだ七條清孝さんが父のあとを継ぎ、昼は洋食、夜はビストロ料理を提供するスタイルに進化させている。2013年に神田に移転したが、店は変わらぬ人気ぶりで、とりわけリーズナブルに楽しめるランチタイムには行列が絶えない。フライも評判が高く、大衆的な料理にも名店で鍛えた技術が冴える。

メニュー（抜粋）

ランチ

チキンカツ*	1030円
海老フライ*	1300円
ミックスフライ*	1340円
牡蠣フライ*	1340円
秋田産豚ロースカツカレー	1600円
和牛テールハヤシライス	1850円

＊パンまたはライス、カップスープ付。

ディナー

◎アラカルト

フォワグラのソテー　とうもろこしのガレット添え	1800円
帆立、ズワイ蟹、アボカドのタルタルとスモークサーモン	1800円
秋田産豚ロースカツ、ヒレカツ	各1400円
ハンバーグステーキ デミグラスソース ベーコンエッグ添え	2000円
和牛ほほ肉のハチミツと赤ワイン煮	2200円
鴨ももコンフィ じゃが芋とキノコ添え	2200円
和牛タンシチュー 手打ちパスタ添え	3600円

◎コース ---------- 4800円〜

東京・神田のビル街の谷間で温かな光を灯す。店内は白と木目を基調としたシンプルなデザインで、個室としても使えるスペース（左写真）も用意。

レストラン　七條

東京都千代田区
内神田1-15-7
☎03-5577-6184

とんかつの質を向上させるレストラン的視点。ディナー限定で供する熟成豚の厚切りメニュー

「豚肉は熟成と塩でうまくなります」

そう語るのは、ランチは洋食、ディナーはビストロ料理を提供する「レストラン 七條」の店主・七條清孝さん。フランス料理の修業も積んだ七條さんは、とんかつにも並々ならぬこだわりをもち、レストランならではのアプローチで理想の味を追求している。

そのアプローチが、冒頭の七條さんの言葉にある、熟成と塩。仕入れた豚肉は、ミートラップなどで巻き、冷蔵庫に数日おいて熟成させる。「いい塩梅に水分が抜けて、キメが細かく、もちっとした質感になったら使いどき。色は少し黒ずんできますが、うまみが凝縮されて味が増すとともに、やわらかくなるんです」と七條さん。さらに、1皿分に切り分けて成形した肉は、両面に塩をふり、10分ほどおく。ここでの塩の役割は、下味だけではなく、脱水を促すことにある。事前の熟成と、揚げる直前のこの作業で、豚肉の水分を徹底的に抜くわけだ。

一方、成形方法も独特。一般的にロースかつは肉の表面に細かく包丁を入れて筋切りするが、七條さんは4ヵ所を深く切るのみ。

「私の筋切りの目的は、揚げている間に肉が縮まないようにすること。4ヵ所切れば充分ですし、それ以上、肉を傷つける必要はありません」

衣は"薄衣"を心がけながらも、「粉→卵液」を2回行って肉をしっかりとコーティング。ラードの風味をプラスしながら6～7分揚げ、仕上げに短時間やすませる。完成したとんかつは、やさしい色合いで、細かなパン粉が立ち上がり、軽やかな印象だ。

ただし、ロースかつはディナーのみのメニュー。ランチは、「ロースカツカレー」用に、熟成肉ではないフレッシュの豚肉を使った薄めのロースかつを用意する。その理由は、ランチタイムの調理オペレーションにある。昼どきはひっきりなしにお客が訪れ、フライヤーをフル回転させる必要があるため、メニューごとに油温をコントロールしたり、揚げ時間を管理するのは難しい。そこで、ランチのフライのメニューは、180℃のラードで2分～3分30秒程度で揚げ上がることを前提に設計。揚げ時間は、「一番人気のエビフライの2分30秒～3分30秒が基準」というのが、じつに洋食店らしい。6～7分の揚げ時間を要する厚切りのロースかつは、ディナーに訪れたお客だけの楽しみだが、その特別感と同店ならではの味わいが相まって、とんかつファンを唸らせる隠れた人気メニューになっている。

メインダイニングは、片側がベンチシートになったテーブル席と、孤を描くカウンター席で構成。赤いテーブルクロスや和洋折衷のオブジェが華を添える。

揚げ油　フライにとって油は調味料。180℃のラードで全フライに対応

揚げ油は、すべてのフライにラードを用いる。「フライにとって油は調味料だと思います。自分のめざす味を考えたときに、ラードがしっくりきました。油ぎれがよいという特徴もあります」と七條さん。フライヤーで調理するが、ラードの温度は180℃をつねにキープ。この温度で揚げ上がるように、素材のポーションや形、揚げ時間などをコントロールする。なお、厚切り肉の場合のみ、短時間だが余熱による火入れも行う。営業後は毎日、フライヤーからラードを抜いて紙で漉し、状態を確認。酸化がだいぶ進んでいるようであれば、適宜新しいラードに取り替える。

肉　秋田県産銘柄豚を店で熟成。脱水を促して肉の味を凝縮

ロース、ヒレともに秋田の銘柄豚「秋田こまちポーク」を選択。ロースは、脂身の入り込んだ肩寄りの部分はソテー、それ以外の部分はとんかつに用いる。「豚肉は熟成が大切。熟成させるとともに、いい塩梅に水分を抜いてから使います」と七條さん。33頁に詳しいが、仕入れた肉は基本的に、ロースはミートラップで包んで1週間程度、ヒレは「ピチット」シート（脱水シート）で包んで1～2日おく。ほどよく熟成が進んだら、真空パックにしてその状態をキープする。なお、オペレーションの問題などから、厚く切り出した熟成豚を用いる単品の「ロースカツ」はディナーのみ提供。

提供方法　6種の野菜のコールスローで色どりよく。作業もスムーズに

キャベツだけではない、添えものの色どりのよさが洋食店らしさを醸す。以前は、せん切りキャベツをのせ、そこにほかの野菜を添えていたが、現在はコールスローを盛り付けるスタイルに変更。キャベツのほか、複数の野菜をせん切り、あるいは薄く切ってあらかじめ混ぜ合わせておくことで、注文を受けてからの盛付けなどの作業がスムーズになったそう。テーブルの上には、和がらし、塩、コショウ、「特級中濃ソース」（ユニオン）を用意。一部のフライには、自家製のマヨネーズにシェリーヴィネガーなどを配合した、シャープな味わいのタルタルソースを添える。

衣　「強力粉→卵液」×2回で、厚すぎず、薄すぎずの衣に

「薄力粉と比べて強力粉のほうが衣を薄くしやすい」（七條さん）との考えから、強力粉を選択。同様の理由から、卵液は少量の水を加えてのばし、「キレのよい」粘度に調整する。ただし、とんかつは、揚げている間に肉から出る水蒸気によって衣がだれてしまわないように、「粉→卵液」の作業を2回行う。最終的に、厚すぎず、薄すぎずの適度な厚みの衣になるよう、1回1回の衣づけは薄くまとわせることを意識するわけだ。なお、パン粉は、糖分が少なく、目の細かい生パン粉をチョイス。軽やかな口あたりに仕上がり、色づきにくいのも特徴だ。

秋田産豚ロースカツ

仕入れてから自店で1週間ほど熟成させた秋田県産の銘柄豚。調理の際にも塩をふって脱水を促し、肉のうまみを凝縮させる。肉の水分量に鑑みて、こがね色の衣は少し厚めに。

材料

《1皿分》
豚ロース肉(P.33)…正味150g
塩…適量
白コショウ…適量
強力粉…適量
卵液＊…適量
パン粉…適量
揚げ油(ラード)…適量

添えもの／コールスロー
(キャベツ、サニーレタス、キュウリ、ニンジン、カイワレ、赤玉ネギ)

＊全卵1個に対して水大さじ1を加え、泡立て器でしっかりと混ぜる。

調理の流れ

成形・筋切り ▶ 塩・脱水 ▶ コショウ ▶ 強力粉 ▶ 卵液(水入り) ▶ 強力粉 ▶ 卵液(水入り) ▶ パン粉 ▶ 揚げ 180℃ ▶ 余熱

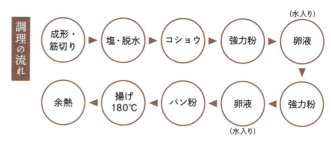

←やや厚めの衣で
肉をしっかりコーティング

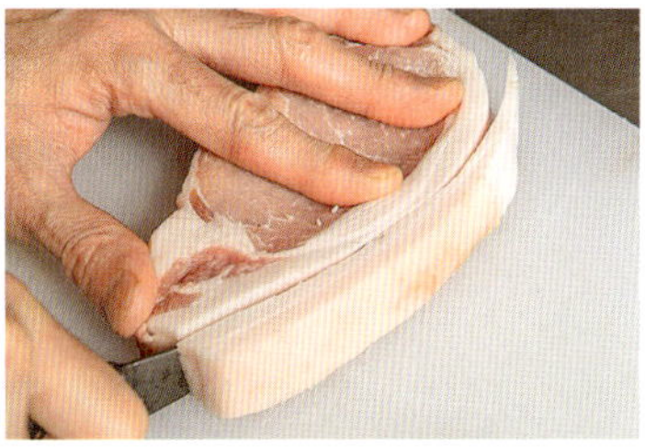

① 豚ロース肉を200g程度に切り出し、背の脂身を適当な厚みを残して切り取る。

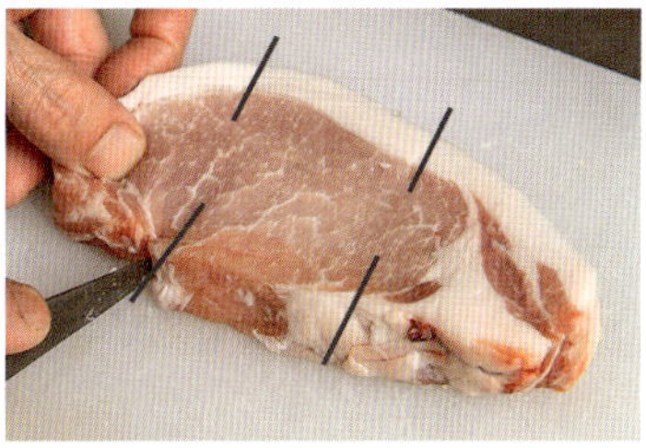

② 4ヵ所（写真の黒線部分）を包丁で切って筋切りする。

③ 両面に塩をふり、背の脂身を下にしてバットに立てて10分ほどおく。写真は10分後。肉から水分が出てくる。

④ ふきんで水けをふき取り、両面に白コショウをふる。

⑤ 強力粉をまぶし、手ではたいて余分な粉を落とす。卵液にくぐらせ、余分な卵液を落とす。

⑥ ふたたび強力粉をまぶし、手ではたいて余分な粉を落とす。卵液にくぐらせ、余分な卵液を落とす。

⑦ パン粉をまんべんなくつける。

⑧ 180℃の揚げ油に入れて6〜7分揚げる。揚げている間は極力さわらないこと。揚げ上がる少し前に、脂身の多い端の部分だけ油に浸かるようにして、重点的に加熱する。

⑨ 網を敷いたバットに置いてやすませ、油をきりながら余熱で火を入れる。この工程は1分ほど。キッチンペーパーにとってさらに油をきり、切り分けて皿に盛り付ける。

調理のポイント

＼POINT 1／

筋切りは4ヵ所のみ

ここでの筋切りの目的は、肉が縮むのを防ぎ、衣との間に隙間ができにくくすること。浅い切り込みを多く入れるのではなく、背側と腹側のそれぞれ2ヵ所、計4ヵ所を包丁でしっかりと切る。

＼POINT 2／

塩をふって水分を抜く

塊肉を下処理する段階である程度水分を抜いておくが、調理の際にも塩をふって脱水を促す。肉の食味をアップさせるためのポイントだ。

＼POINT 3／

「粉→卵液」は2回行う

「揚げている間に肉のもつ水分が蒸発し、それが衣に伝わって衣がくしゃっとなり、はがれやすくなる」（七條さん）との考えから、「粉→卵液」は2回行い、肉をやや厚めにコーティングする。

＼POINT 4／

端の部分を重点的に加熱

ロース肉の片端は、赤身が少なく、そのまわりにたっぷりの脂身ついている。脂身は火が入るスピードが遅いため、脂身に囲まれた赤身にも熱が伝わりにくい。そこで、油から引き上げる直前に、脂身の多い端の部分だけ油に浸して加熱し、全体に均一に火を入れる。

秋田産豚ヒレカツ

自店で少し熟成させた、秋田県産豚のヒレ肉を使用。余計な水分を徹底的に抜き、
適度な厚みの衣でうまみをぎゅっととじ込める。1切れ45gのポーション設計は、
食べやすさと同時に、一定温度で短時間で揚げきるための工夫でもある。

材料

《1皿分》
豚ヒレ肉（P.33）
…3切れ（1切れ45g）
塩…適量
白コショウ…適量
強力粉…適量
卵液*…適量
パン粉…適量
揚げ油（ラード）…適量

添えもの／コールスロー（キャベツ、サニーレタス、キュウリ、ニンジン、カイワレ、赤玉ネギ）、トマト、ポテトサラダ

＊ 全卵1個に対して水大さじ1を加え、泡立て器でしっかりと混ぜる。

調理の流れ

成形 ▶ 塩・脱水 ▶ コショウ ▶ 強力粉 ▶ 卵液（水入り）
▼
強力粉 ▶ 卵液（水入り） ▶ パン粉 ▶ 揚げ 180℃

つくり方

食べやすいポーション。
芯はロゼ色

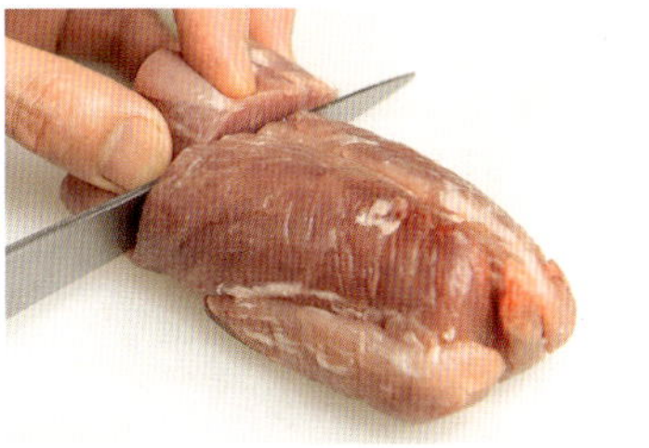

①豚ヒレ肉を45gずつに切り分ける。そのうちの3切れを使用する。

②両面に塩をふり、バットに移して10分ほどおく。写真は10分後。肉から水分が出てくる。

③ふきんで水けをふき取り、両面に白コショウをふる。

④強力粉をまぶし、手ではたいて余分な粉を落とす。

⑤卵液にくぐらせ、余分な卵液を落とす。

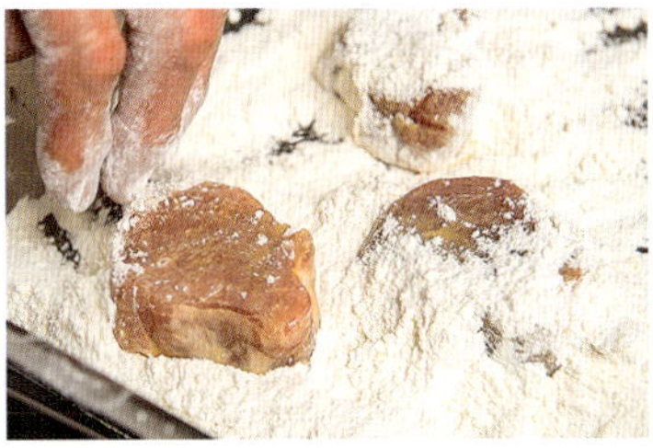

⑥ふたたび強力粉をまぶし、手ではたいて余分な粉を落とす。卵液にくぐらせ、余分な卵液を落とす。

⑦パン粉をまんべんなくつける。

⑧180℃の揚げ油に入れて2分30秒ほど揚げる。衣がはがれやすいので、揚げている間は極力さわらないこと。

⑨写真は揚げ上がり。網を敷いたバットに置いて油をきる。キッチンペーパーにとってさらに油をきり、そのまま皿に盛り付ける。

調理のポイント

\ POINT 1 /
塩をふって水分を抜く

塊肉を下処理する段階である程度水分を抜いておくが、調理の際にも塩をふって脱水を促す。肉の食味をアップさせるためのポイントだ。

\ POINT 2 /
「粉→卵液」は2回行う

「揚げている間に肉のもつ水分が蒸発し、それが衣に伝わって衣がくしゃっとなり、はがれやすくなる」（七條さん）との考えから、「粉→卵液」は2回行い、肉をやや厚めにコーティングする。

\ POINT 3 /
揚げで10割火を入れる

営業中のオペレーションの問題から、ヒレカツは180℃の揚げ油で2分程度で揚げ上がるように肉のサイズを調整。小さめのため、余熱は不要。“揚げ”だけで10割火を入れる。ただし、揚げ時間が2分だと、肉には充分に火が入るが衣が固まりきらないため、2分30秒を目安に揚げる。

レストラン 七條

チキンカツ

鶏もも肉に切り込みを入れて開き、薄く、大きな形に成形。
衣のクリスピーな食感が際立ち、やわらかく、ジューシーな身とのコントラストが鮮明になる。

材料

《2皿分》
鶏もも肉…1枚（約150g）
塩、白コショウ…各適量
強力粉…適量
卵液*…適量
パン粉…適量
揚げ油（ラード）…適量

添えもの／コールスロー（キャベツ、サニーレタス、キュウリ、ニンジン、カイワレ、赤玉ネギ）、トマト、ポテトサラダ

＊ 全卵1個に対して水大さじ1を加え、泡立て器でしっかりと混ぜる。

調理の流れ

下処理・成形 ▶ 塩・コショウ ▶ 強力粉 ▶ 卵液（水入り） ▶ パン粉 ▶ 揚げ 180℃

薄く仕立てた、
衣、皮、身の3層構造

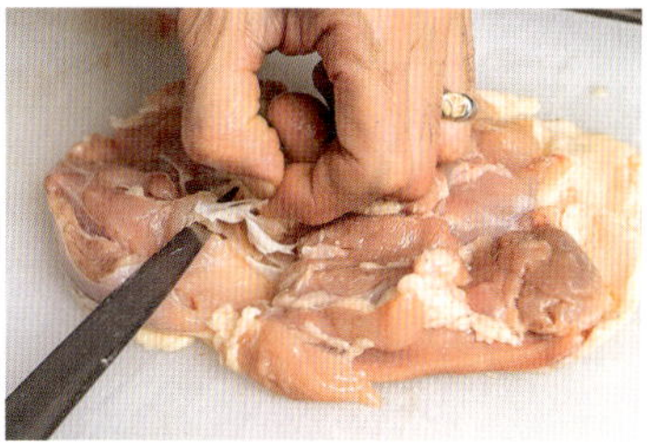

① 鶏もも肉の身側を確認し、目立った筋と脂身を切り取る。手でさわって小骨や軟骨があれば、それらも取り除く。

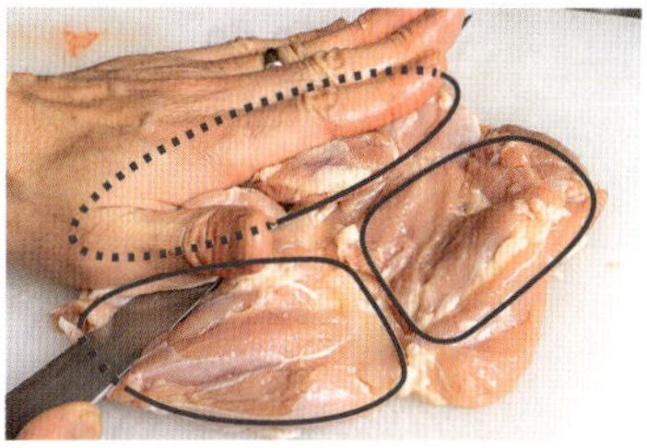

② 厚みのある部分に内から外に向かって切り込みを入れ、身を開く。これを3ヵ所（写真の黒枠部分）行う。

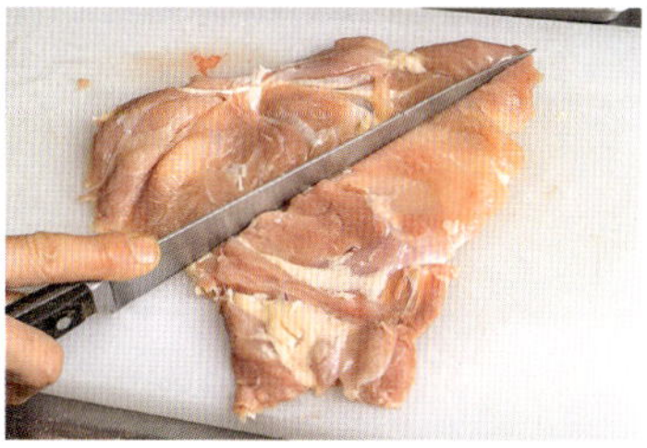

③ 半分に切り分ける。このうちの1枚が1皿分。

④ 身側に塩と白コショウをふる。

⑤ 強力粉をまぶし、手ではたいて余分な粉を落とす。

⑥ 卵液にくぐらせ、余分な卵液を落とす。

⑦ パン粉をまぶし、上から力強く押さえて肉と衣全体をしっかりと結着させる。

⑧ 180℃の揚げ油に皮目から入れて3分～3分30秒揚げる。この間、衣が固まり、油の表面に浮いてきたら一度ひっくり返す。

⑨ 網を敷いたバットに置いて油をきる。キッチンペーパーにとってさらに油をきり、切り分けて皿に盛り付ける。

調理のポイント

＼ POINT 1 ／

身を開いて薄くする

180℃の揚げ油で3分程度で均一に火が入るように、鶏肉は身を開いて薄く、均一な厚みに成形する。

＼ POINT 2 ／

肉と衣全体を充分に結着

鶏肉は豚肉と比べて加熱によって身が縮みやすく、揚げている間に衣がはがれやすい。そこで、たっぷりのパン粉をまんべんなくまぶしたら、とんかつの場合よりも強い力で上から押さえて、肉と衣全体をしっかりと結着させる。

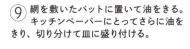

牡蠣フライ

レストラン 七條

カキがもつ自然の塩味を生かすのがポイント。洗わず、汚れをふき取れば準備はOK。
素材のうまみと磯の香りが口いっぱいに広がる大粒のカキフライに、
シェリーヴィネガーを配合したキレのあるタルタルソースがよく合う。

材料

《1皿分》
カキ（むき身）…5個
強力粉…適量
卵液*…適量
パン粉…適量
揚げ油（ラード）…適量

添えもの／コールスロー（キャベツ、サニーレタス、キュウリ、ニンジン、カイワレ、赤玉ネギ）、トマト、ポテトサラダ、レモン、タルタルソース

* 全卵1個に対して水大さじ1を加え、泡立て器でしっかりと混ぜる。

調理の流れ

下処理 ► 強力粉 ► 卵液（水入り） ▼ パン粉 ◄ 揚げ 180℃

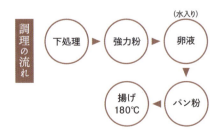

カキ全体に衣がぴたっと寄り添う

① カキは汚れをふき取ってザルに入れて水けをきる。写真は水けをきって保管用の容器に入れた状態。

② ①に強力粉をまぶし、手ではたいて余分な粉を落とす。

③ 卵液を使用する分だけボウルに移す。そこに②を入れ、卵液をまんべんなくつけ、余分な卵液を落とす。

④ パン粉をつける。まずは、カキにパン粉をまぶし、たっぷりのパン粉ごとカキを片手ですくう。

⑤ カキをすくった手を握り、カキとパン粉を結着させる。「直接手の力をカキに伝えるのではなく、余分につかんだパン粉の弾力を利用しながらカキに圧力を加えてパン粉をつけるイメージ」(七條さん)。

⑥ 握った手を手のひらが上を向くように開き、カキの身が動かないように意識しながら手のひらを上下にゆすって余分なパン粉をふるい落とす。

⑦ 180℃の揚げ油に入れて2分30秒～3分揚げる。衣がはがれやすいので、揚げている間は極力さわらないこと。

⑧ 網で油から引き上げ、網ごとボウルに置いて油をきる。キッチンペーパーにとってさらに油をきり、そのまま皿に盛り付ける。

調理のポイント

\ POINT 1 /

カキは洗わない

カキは水などで洗うと、汚れとともにカキのうまみも流れてしまう。そのため、洗わず、汚れをふき取って水けをきったら準備は完了。

\ POINT 2 /

卵液は使う分だけ用意

カキを卵液に浸すと、カキの表面の汚れによって卵液がにごり、においもついてしまう。そこで、卵液はカキに用いる分だけを別のボウルに取り分けて使う。

\ POINT 3 /

パン粉はやさしくつける

カキは身のよれたひだの部分にパン粉がつきにくい。また、しっかりつけようとして、ひだの部分にパン粉が余計に入り込んでしまっても、仕上がりの見た目が悪くなる。ここでは、カキの身を動かさないように注意しながら、たっぷりのパン粉ごとカキを握ってまんべんなく結着させる。

アジフライ

レストラン 七條

フレッシュなアジをフィレに加工して調理。
ラードで揚げて、サクッ、ふんわりの食感を打ち出す。
仕上げにカレー塩をふり、揚げもの特有の香りに変化をつけた。

材料

《2皿分》
アジ…3尾
塩…適量
強力粉…適量
卵液*…適量
パン粉…適量
カレー塩…適量
揚げ油（ラード）…適量

添えもの／コールスロー
（キャベツ、サニーレタス、キュウリ、ニンジン、カイワレ、赤玉ネギ）

* 全卵1個に対して水大さじ1を加え、泡立て器でしっかりと混ぜる。

調理の流れ

下処理・成形 ▶ 塩 ▶ 強力粉 ▶ 卵液（水入り） ▶ パン粉 ▶ 揚げ 180℃ ▶ カレー塩

①アジはゼイゴ（写真の黒枠部分）を切り取り、包丁で表面をこするようにして汚れを取る。これを両側行う。

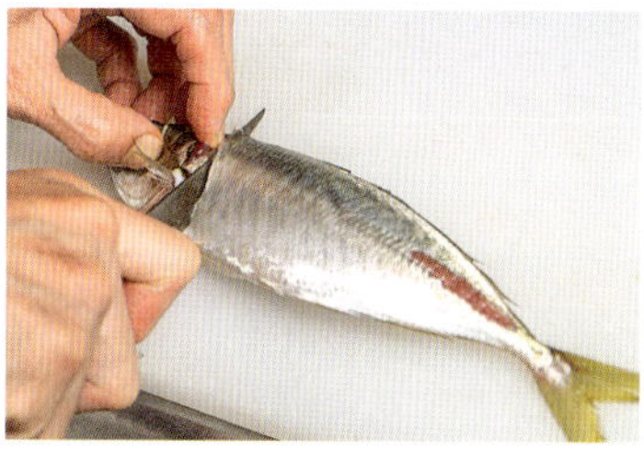

②胸ビレの下から包丁を入れて頭を落とす。

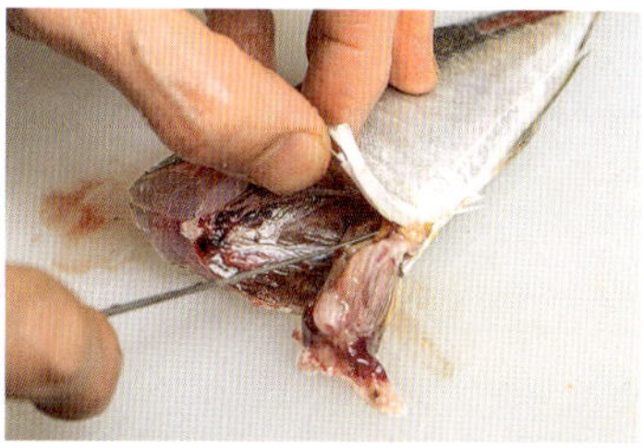

③腹に少し切り込みを入れ、内臓をかき出す。流水で洗い、水けをふき取る。

④中骨に沿って包丁を入れて身と中骨を切り離し、身をフィレ状にする。これを両側行う。

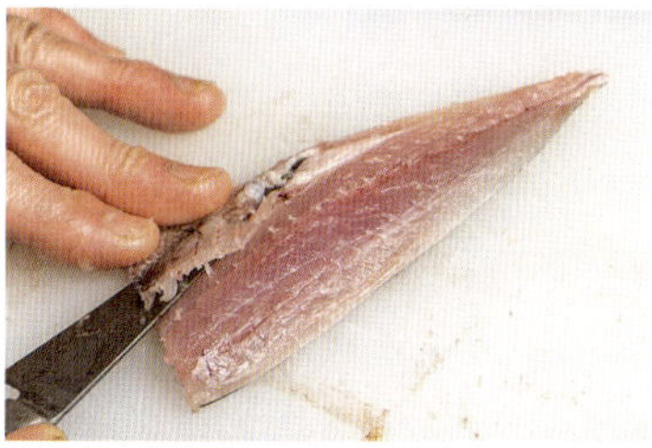

⑤腹骨をそぎ落とす。

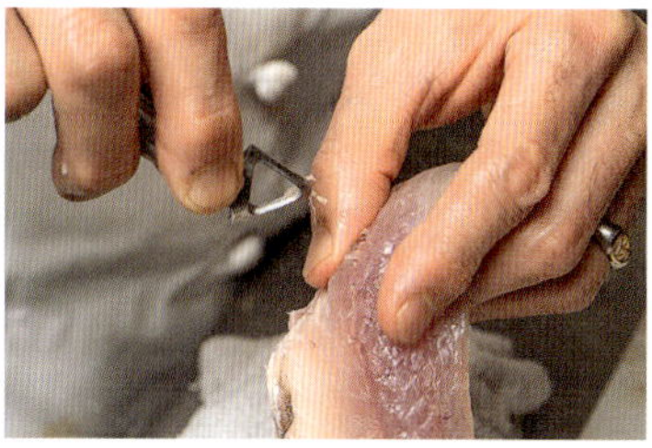

⑥ピンセットで小骨を取り除く。

⑦身側に軽く塩をふる。強力粉をまぶし、手ではたいて余分な粉を落とす。

⑧卵液にくぐらせ、余分な卵液をしっかりと落とす。パン粉をまぶし、上から力強く押さえて身と衣全体をしっかりと結着させる。

⑨180℃の揚げ油に皮目を下にして入れて、2分弱揚げる。網で油から引き上げ、網ごとボウルに置いて油をきる。キッチンペーパーにとってさらに油をきり、皮目側にカレー塩をふって皿に盛り付ける。

調理のポイント

＼POINT 1／

フィレにして食べやすく

アジフライは尾のついた形が定番だが、3枚おろしの要領で包丁を入れ、中骨とともに尾も取り除いてフィレ状に加工。見た目の個性とともに、食べやすさもアピールする。

＼POINT 2／

身と衣全体を充分に結着

魚は豚肉と比べて加熱によって身が縮みやすく、揚げている間に衣がはがれやすい。そこで、たっぷりのパン粉をまんべんなくまぶしたら、とんかつの場合よりも強い力で上から押さえて、身と衣全体をしっかりと結着させる。

＼POINT 3／

皮目を下にして揚げ油へ

揚げる際に身を下にして揚げ油に入れると、一気に熱が入って身が縮み、反り返ってしまうことがある。皮目を下にして油に投入するほうが反り返りにくい。

＼POINT 4／

調味料で味に変化

アジフライは通常単品では販売しておらず、ミックスフライの中の一品として提供。複数のフライを盛り込む中で、衣の味にも変化を出す狙いから、アジフライには仕上げにカレー塩をふる。穴子1尾をフライにする際に、食べ飽きないようにカレー塩を使ったのがきっかけだそう。

洋食店

フリッツ

【東京・春日】

「旬香亭」と、その系列の「フリッツ」（現在は閉店）で腕を磨いた田苗見賢太さんが、フリッツの名を継いで2016年に独立開業。シックで落ち着いた雰囲気の空間で、ハンバーグやグラタンといった定番から、タンシチューなどレストランならではの〝ごちそう〟まで多彩な洋食が楽しめる。フライも種類豊富にそろえ、修業店で培った技術に独自のアイデアをプラスし、自店の味に進化させている。

メニュー（抜粋）

ランチ

フリッツカレーセット---------1000円
エビフライカレーセット-------1300円
ロースカツカレーセット-------1500円
チキンドリアセット-----------1000円
ヒレカツサンドセット---------1500円
カニマカロニグラタンセット---1500円
煮込みハンバーグセット------1600円
ロースとんかつセット--------2000円

ディナー

ロースとんかつ--------------2000円
ビーフカツサンド------------2400円
ホタテのいそべ揚げ---------1個450円
エビカツ--------------------2個900円
ミンチポテトコロッケ---------1個600円
カニクリームコロッケ---------1個650円
メンチカツ------------------1個650円
コンビネーションサラダ------小650円　大1260円
豚肉のロースト--------------2500円
牛舌のシチュー-------------2800円
国産牛ヒレのステーキ--------ハーフ2000円　フル3600円
パテ・ド・カンパーニュ-------1260円
キノコのオムレツ------------1260円

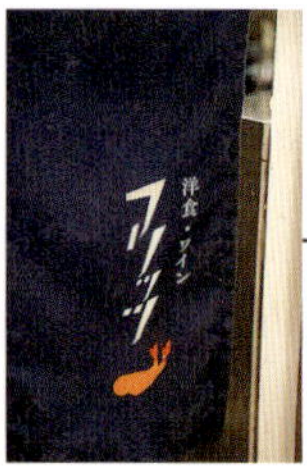

商店街にあるビル2階に立地。店舗は白を基調とするシックなデザイン。テーブル席はオープンキッチンとの距離が近く、厨房の臨場感が伝わる。

フリッツ

東京都文京区小石川
2-25-16 LILIO 小石川 2F
☎ 03-3830-0235

「揚げ＋余熱」でさっくり、しっとり。手間を惜しまず、定番料理を磨き上げる

洋食店「フリッツ」の「ロースとんかつ」は、開業から1年が経ったころに満を持してメニューに登場した。「納得のいくとんかつを出そうと思うと、調理を1人で担当していることもあって、オペレーションの都合上、開業からしばらくは提供できなかったんです」と語るのは、店主の田苗見賢太さん。田苗見さん渾身のとんかつは、こがね色のパン粉がピンと立ち、粉と卵の層は薄く、肉にぴたっと寄り添った仕上がり。肉は充分に火がとおりながらも、つややかでしっとりとした質感だ。

「修業先で揚げものに対する概念が変わったんです。揚げたとんかつを網の上でやすませ、余熱で火を入れるという手法に驚きました。それによって、外の衣も中の肉もベストな仕上がりになる。そのとんかつが自分の理想形になりました」

調理の段取りは修業先のそれがベースだが、下味のつけ方や火入れの温度と時間には独自の工夫と判断を盛り込み、理想のとんかつをさらにブラッシュアップさせている。たとえば、塩とコショウは脂身の部分に意識的に強めにふるが、それは、脂身を食べやすく、またとんかつ全体に味の強弱をつけて食べ飽きないようにするための工夫。〝揚げ〟の後半には、脂身の部分のみ重点的に加熱する時間をつくることで、脂身と赤身の火どおりを均一化する。そして、余熱で仕上げる際は、揚げ時間と同程度の時間だけやすませるのが基本的な考え方だ。

ていねいな仕事も田苗見さんの身上。仕入れた豚肉はミートペーパーで包んである程度水分を抜き、成形時にはピンセットを使って細かな筋や血管を取り除くなど、一つひとつの適切な作業によってとんかつの完成度をいっそう高めている。

「自分が好きで、なじみのある料理をつくりたいと考えて洋食の道を選びました。だからこそ、材料を吟味し、きちんとした仕事で定番料理を〝レストランの味〟に昇華しないといけないと思うんです」

手間を惜しまない姿勢は、とんかつ以外のメニューにも見て取れる。たとえば、カニクリームコロッケに使うベシャメルソースは、グラタン用とは微妙にレシピを変えて別に仕込む。ホタテに大葉を挟み、海苔を巻いて揚げた「ホタテのいそべ揚げ」も、「レストランらしい、ひと手間加えたフライを提供したい」という思いから生まれたメニューだ。「苦労はつきものですが、一つのことをとことん突き詰めていきたいですね」と田苗見さんは語る。

ランチはセットメニューが中心。ディナーはアラカルト主体で約40品を用意。フライも約10品と種類豊富だ。調理は田苗見さんが1人で担う。

揚げ油
コーン油&ゴマ油のブレンドで軽やかな揚げ上がりに

「旬香亭」での修業時代から使い続けている、コーン油とゴマ油をブレンドした油を使用。「揚げ上がりが軽く、油のもちもよい点が気に入っています」と田苗見さん。また、洋食店ではフライヤーを用いることも多いが、同店では鍋を使い、一度に使う油の量を抑えて、そのぶんできるだけこまめにフレッシュな油に交換している。鍋底に網を敷いているのもポイント。油面に散った余分なパン粉は適宜すくって取り除くが、すくいきれなかった分は鍋底に沈んで焦げてしまう。網を敷くことで、素材が鍋底に直接ふれないようにし、沈んで焦げたパン粉が付着するのを防いでいる。

肉
良質かつクセの少ない、多彩な料理に向くブランド豚

茨城県産のブランド豚「美明豚」を使用。「洋食屋ですから、豚肉はとんかつ以外にも使います。そのため、おいしいのはもちろん、いろいろな料理に向く汎用性の高い肉質であることも大事。美明豚は赤身と脂身のバランスがよく、クセが少ないので、うちのニーズにかなっています」と田苗見さん。同店では味のしっかりとしたパン粉を使うが、美明豚との相性もよく、全体的な味のバランスのよいとんかつに仕上がるそう。ロース肉は塊で仕入れるが、とんかつには肩寄りでも腰寄りでもなく、できるだけ中央部分を使う。なお、「ヒレカツ」にも美明豚のヒレ肉を使用する。

提供方法
洋食に経木で和の要素をプラス。ローカルメーカーのソースも粋

とんかつをはじめ、フライはすべて経木を敷いた皿にのせて提供する。網を敷くスタイルと同様、油を落とすことが最たる狙いだが、網のように使いまわすことができない反面、高級感を打ち出せるのは経木ならではのメリットだ。ちょっとした和のあしらいで、洋食のひと皿に見た目のオリジナリティもプラスされる。フライは基本的には何もつけずに、そのまま食べるのが店のおすすめだが、お客の好みで味に変化をつけられるように、塩、「スーパー特選太陽ソース」(太陽食品工業)、「とんかつソース」(ツバメ食品)、ディジョンマスタードも用意している。

衣
バッター粉を使った強力な衣。糖分高めのパン粉の味を生かす

結着力の高い衣をつくる狙いから、粉はバッター粉を選び、また全卵にバッター粉と水を加えたいわゆるバッター液を使用する。バッター粉、バッター液、そしてパン粉とリレーさせる流れだ。ただし、粉と卵の層が厚くならないように、いずれも薄くつけることを心がける。バッター液に水を加えるのも、薄くまとわせることができる粘度に調整するためだ。一方、パン粉は、粗めの生パン粉を使用。糖分が高く、そのまま食べてもおいしく感じるほど味がしっかりしているのも特徴だ。「パン粉の味も、とんかつの味を構成する重要な要素だと考えています」と田苗見さん。

ロースとんかつ　200g

こがね色のパン粉がピンと立った美しい見た目と、外はサクッ、中はジューシーな味わいを追求。適度な厚さに切ったロース肉にたっぷりのパン粉をまとわせ、赤身と脂身の火どおりを計算しながらまんべんなく火を入れる。下味にも強弱をつけて食べ飽きない味わいに。

材料

《1皿分》
豚ロース肉*1…1枚(200g)
塩、白コショウ…各適量
バッター粉*2…適量
バッター液*3…適量
パン粉…適量
揚げ油（コーン油とゴマ油のブレンド）…適量

添えもの／せん切りキャベツ、ポテトサラダ

*1 豚ロース肉はブロックで仕入れ、筋や脂身を切り取るなど写真の状態まで事前に下処理をし、ミートペーパーで包んで少し水分を抜いておく。
*2 小麦粉に加工でん粉や増粘剤などを配合して結着性を高めたミックス粉。

*3 バッター粉50gを水150㎖で溶き、全卵1個を割り入れてしっかりと混ぜ合わせる。

調理の流れ

成形・筋切り ▶ 塩・コショウ ▶ バッター粉 ▶ バッター液 ▼ パン粉 ◀ 揚げ 160℃ ◀ 余熱

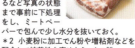

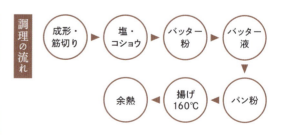

赤身も脂身も均一な火どおり

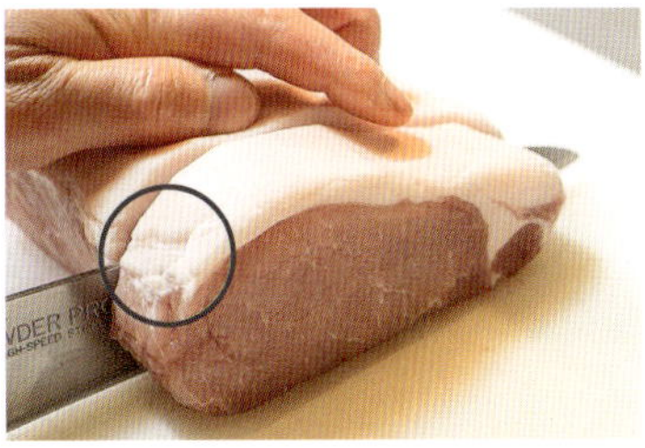

① 豚ロース肉は200gに切り、端の筋っぽい部分(写真の黒枠部分)を切り取る。

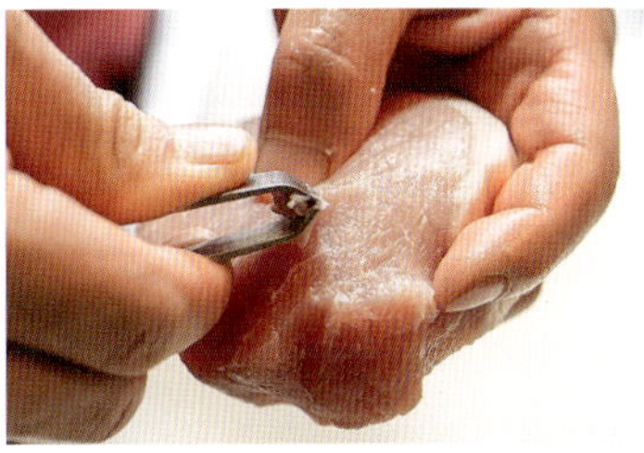

② 肉の表面を確認し、目立った筋と血管をピンセットで取り除く。

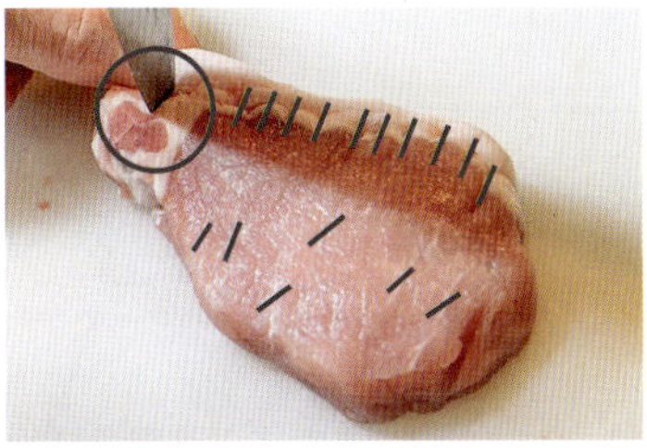

③ 包丁の切っ先を使って筋切りする。端の脂身の多い部分(写真の黒枠部分)はとくに念入りに筋切りし、また赤身部分の目立った筋にも包丁を入れる。筋切りは両面行う。

④ 片面に塩と白コショウをふる。このとき、端の脂身の多い部分（写真の黒枠部分）には強めに塩と白コショウをふる。

⑤ バッター粉をまぶし、手ではたいて余分な粉を落とす。金串を使ってバッター液にくぐらせ、余分なバッター液をしっかりと落とす。

⑥ パン粉をたっぷりとつける。このとき、パン粉は余分につけること。鍋に入れたときにパン粉が油面に散っても適度な量が肉に残り、パン粉が立ったきれいな揚げ上がりになる。

⑦ 160℃の揚げ油に入れて7～8分揚げる。この間、衣がある程度固まったら、油の中を泳がせるように少し動かす。ただし、衣がはがれやすいのでひっくり返さないこと。

⑧ 箸で持ち上げて脂身の多い端の部分だけ油に浸るようにし、そのままさらに1分弱揚げる。

⑨ 網の上でやすませ、さらにキッチンペーパにとってしばらくおいて油をきりながら余熱で火を入れる。この工程には揚げ時間と同程度の時間をかける。ここでは7～8分ほど。切って皿に盛る。

調理のポイント

＼POINT 1／ ピンセット＋筋切り

筋切りを行う前に、肉の表面を確認して目立った筋をピンセットで取り除く。この作業と細かな筋切りの合わせ技で、かみ切りやすく、食べやすいとんかつに。また、目立った血管もピンセットで取り除く。血管が残っていると、揚げて切り分けたときに血がにじむことがある。

＼POINT 2／ 脂身には下味を強めに

脂身の多い部分には、塩と白コショウを意識的に強めにふる。「脂身が食べやすくなるとともに、味に強弱をつけたほうが食べ飽きない」（田苗見さん）というのがその理由。

＼POINT 3／ バッター液を使用する

「粉と卵を別々につけてパン粉をまぶすよりも、バッター液を使うほうが肉とパン粉がしっかりと結着する」(田苗見さん)。ただし、バッター液の層が厚いと食味が悪くなるため、バッター液も、その前にまぶす粉も薄くつけることを心がける。

＼POINT 4／ 脂身部分は長めに加熱

赤身と脂身では火がとおるスピードが異なる。脂身のほうが遅く、揚げ時間を脂身に合わせると赤身に火が入りすぎてしまう。そこで、赤身の部分を油から引き上げた状態にして、脂身の多い部分のみさらに1分弱揚げることで、全体に均一に火を入れる。

カニクリームコロッケ

たっぷりのカニの身を混ぜ込んだリッチなクリームコロッケ。
コロンとしたかわいらしい形と、外はサクッ、中はクリーミーな食感のコントラストが魅力だ。
塩はほぼ使わず、カニのだしのうまみを凝縮させて味の軸とする。

材料

《1皿分》
タネ…以下より120g（1個60g）
- 玉ネギ（みじん切り）…1/4個
- 白ワイン…50mℓ
- カニ缶の汁…4缶分
- 生クリーム…50mℓ
- ベシャメルソース*1…約1.5kg
- カニのほぐし身（缶詰）…4缶分

バッター粉*2…適量
バッター液*3…適量
パン粉…適量
揚げ油（コーン油とゴマ油のブレンド）…適量

添えもの／せん切りキャベツ、レモン

*1 バター70gを火にかけ、溶けたら薄力粉100gを加え混ぜる。粉けがなくなったら牛乳1.5ℓを少しずつ加え混ぜ、途中で岩塩1つまみを加えて好みのとろみに調整する。
*2 小麦粉に加工でん粉や増粘剤などを配合して結着性を高めたミックス粉。
*3 バッター粉50gを水150mℓで溶き、全卵1個を割り入れてしっかりと混ぜ合わせる。

調理の流れ

タネの準備・成形 ▶ バッター粉 ▶ バッター液 ▶ パン粉 ◀ 揚げ 160℃ ◀ 余熱

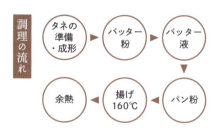

←--サクッ、とろりの
食感のコントラスト

①鍋を火にかけ、玉ネギ、白ワイン、カニ缶の汁を入れて加熱する。白ワインとカニのだしの風味を玉ネギに移すイメージ。水分がほぼなくなったら生クリームを加え混ぜる。

②湯煎にして温めておいたベシャメルソースを加え混ぜる。ベシャメルソースは事前に温めておくとなじみやすい。

③全体がなじんだらカニのほぐし身を加え混ぜ合る。次第に粘度が増し、重たくなる。

④ヘラで持ち上げたときにゆっくりと落ちるような、ぼてっとした状態になったら火を止める。ラップを張ったバットに移し、薄くのばし広げる。冷蔵庫でしっかりと冷やす。

⑤1個60gに計量し、ボール状に丸める。冷蔵庫で保管する。

⑥⑤にバッター粉をまぶし、手で転がしながら粉をまんべんなく、多めにつける。金串を使ってバッター液にくぐらせ、余分なバッター液をしっかりと落とす。

⑦パン粉をたっぷりとつける。このとき、パン粉は余分につけること。余分につけておくと、鍋に入れたときにパン粉が油面に散っても適度な量がタネに残り、パン粉が立ったきれいな揚げ上がりになる。

⑧160℃の揚げ油に入れて5分程度揚げる。衣がはがれやすいので、揚げている間はさわらないこと。

⑨網の上でやすませ、さらにキッチンペーパにとってしばらくおいて油をきりながら余熱で火を入れる。この工程には揚げ時間と同程度の時間をかける。ここでは5分ほど。そのまま皿に盛り付ける。

調理のポイント

＼POINT 1／
タネの味つけは控えめに

ベシャメルソースをつくる際にわずかに塩を加えるが、それ以外に塩は使用しない。カニのだし汁を煮詰めるとカニのうまみと塩味が出てくるため。また、パン粉にも味があることを考慮し、タネの味つけは控えめにする。

＼POINT 2／
生クリームははやめにIN

生クリームはタネの仕上げに加えるケースもあるが、濃度を調整しにくくなるため、ベシャメルソースを合わせる前に加え混ぜる。

＼POINT 3／
タネは冷やしてから成形

仕込んだタネは熱々の状態だとかなりやわらかく、成形しにくいため、冷やして適度な固さに調整する。俵形ではなく丸形にするのは、「見た目が印象的であることと、衣とクリームのバランス上、俵形よりもクリームの印象が強くなってなめらかさを感じやすい」(田苗見さん)ため。

＼POINT 4／
粉は多め&揚げすぎ厳禁

クリームコロッケはタネの水分量の影響で、揚げている間に衣が割れやすい。割れないようにするために、バッター粉を多めにつける、芯が熱々になるまで揚げない、タネは扱いやすいサイズに計量する(同店では1個60g)、などの点に注意する。

メンチカツ

たっぷりの肉汁をとじ込める

材料

《1個分》
タネ…以下より75g
- 合挽き肉（牛7対豚3）…1kg
- 塩…6g
- 白コショウ…少量
- ナツメグパウダー…少量
- ニンニク（すりおろす）…1片
- 全卵…2個
- ケチャップ…40g
- ディジョンマスタード…大さじ1
- 炒め玉ネギ *1…1個分
- パン粉…60g

バッター粉 *2…適量
バッター液 *3…適量
パン粉…適量
揚げ油(コーン油とゴマ油のブレンド)…適量

添えもの／せん切りキャベツ

*1 玉ネギをみじん切りにし、サラダ油でしんなりするまで炒める。
*2 小麦粉に加工でん粉や増粘剤などを配合して結着性を高めたミックス粉。
*3 バッター粉50gを水150mℓで溶き、全卵1個を割り入れてしっかりと混ぜ合わせる。

洋食店のハンバーグをそのままメンチカツのタネに。
合挽き肉にケチャップ、マスタード、ナツメグなどをバランスよく配合して、
肉の風味を損なわずに深みのある味わいを打ち出す。

つくり方

① タネを準備する。ボウルに、塩、白コショウ、ナツメグパウダー、ニンニク、全卵、ケチャップ、ディジョンマスタードを入れ、泡立て器で混ぜる。

② ①に合挽き肉、炒め玉ネギ、パン粉を加え、粘りが出てまとまるまで手でこねる。1個75gに計量し、ハンバーグの要領で空気を抜きながら丸く成形する。冷蔵庫で保管する。写真は成形後。

③ ②にバッター粉をまんべんなく、多めにまぶす。

④ 金串を使ってバッター液にくぐらせ、余分なバッター液をしっかりと落とす。

⑤ パン粉をたっぷりとつける。このとき、パン粉は余分につけること。余分につけておくと、鍋に入れたときにパン粉が油面に散っても適度な量がタネに残り、パン粉が立ったきれいな揚げ上がりになる。

⑥ 160℃の揚げ油に入れて5分30秒～6分ほど揚げる。衣がはがれやすいので、揚げている間はさわらないこと。なお、赤身と脂身のバランスなど合挽き肉の肉質によって火が入るスピードが変わるため、揚げ時間は適宜調整する。

⑦ 網の上に置いてやすませ、さらにキッチンペーパにとってしばらくおく。油をきりながら余熱で火を入れることが目的。この工程には揚げ時間と同程度の時間をかける。ここでは5分30秒～6分ほど。皿に盛り付ける。

調理の流れ

タネの準備・成形 ▶ バッター粉 ▶ バッター液 ▶ パン粉 ▶ 揚げ160℃ ▶ 余熱

＼POINT 1／
牛7対豚3の合挽き肉

肉々しい味わいとジューシーさを両立させるため、牛7対豚3の割合の合挽き肉をチョイス。材料の配合はハンバーグと共通で、タネを一括で仕込んでおき、オーダーに合わせて2種類のメニューに対応する。なお、コショウは黒コショウを用いるとコショウの風味が強く出すぎるため、白コショウを用いる。白コショウを使うのは、とんかつなどほかのフライも共通。

＼POINT 2／
粉は多めにつける

カニクリームコロッケと同様、メンチカツも揚げているときに割れやすいため、バッター粉を多めにまぶす。側面にもしっかりとつけること。

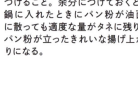

ホタテのいそべ揚げ

ホタテの貝柱で大葉をサンドし、焼き海苔をくるりと巻いて揚げた。
生のホタテのねっとりとした食感もホタテの持ち味と考え、
火が入りきらない半生の状態に着地させる。

ほどよくレア。
きれいな「の」の字

材料

《1個分》
タネ
- ホタテ貝柱…1個
- 大葉…1/2枚
- 焼き海苔…1切れ
- 塩、白コショウ…各適量

バッター粉*1…適量
バッター液*2…適量
パン粉…適量
揚げ油(コーン油とゴマ油のブレンド)…適量

添えもの／レモン

*1 小麦粉に加工でん粉や増粘剤などを配合して結着性を高めたミックス粉。
*2 バッター粉50gを水150mℓで溶き、全卵1個を割り入れてしっかりと混ぜ合わせる。

つくり方

① タネを準備する。ホタテ貝柱の水けをキッチンペーパーでふき取る。

② 完全に切り分けない程度に横から深く切り込みを入れる。

③ 切り口を開き、大葉を半分にたたんではさむ。切り口をとじる。

④ 片面に塩と白コショウをともに軽くふる。切り込みの真ん中あたりをおおうようにして焼き海苔をくるりと巻く。

⑤ バッター粉をまんべんなく、多めにまぶす。

⑥ 金串を使ってバッター液にくぐらせ、余分なバッター液をしっかりと落とす。

⑦ パン粉をたっぷりとつける。このとき、パン粉は余分につけること。余分につけておくと、鍋に入れたときにパン粉が油面に散っても適度な量がタネに残り、パン粉が立ったきれいな揚げ上がりになる。

⑧ 160℃強の揚げ油に入れて1分強揚げる。衣がはがれやすいので、揚げている間はさわらないこと。

⑨ 網の上に置いてやすませ、さらにキッチンペーパにとってしばらくおく。油をきりながら余熱で火を入れることが目的。この工程は2〜3分ほど。縦半分に切って皿に盛り付ける。

調理の流れ

タネの準備・成形 ▶ バッター粉 ▶ バッター液 ▼ パン粉 ◀ 揚げ160℃強 ◀ 余熱

＼POINT 1／

高温・短時間で揚げる

低温で揚げるとホタテの水分がどんどん抜けてしまい、パン粉が蒸れたような状態になるとともに、色づきも悪くなる。また、生のホタテのねっとりとした食感を生かす狙いもあり、火が入りきらない、半生の仕上がりをイメージして高温・短時間で一気に揚げる。

⑥

④

③

②

ビーフカツサンド

ミディアムレアのビジュアルが食欲をそそる、シズル感満点の一品。歯切れのよいヒレ肉を用いて食べやすさもアピールする。パンにはあえて何もぬらず、とんかつソースだけで味をまとめるのが「フリッツ」のスタイル。真っ白なパンに血がにじまないように肉の扱いには細心の注意を。

材料

《1皿分》
牛ヒレ肉(国産)*1
…正味 90～100g
塩、白コショウ…各適量
バッター粉*2…適量
バッター液*3…適量
パン粉…適量
揚げ油(コーン油とゴマ油のブレンド)…適量

食パン(6枚切り)…2枚
せん切りキャベツ…適量
とんかつソース…適量

添えもの/パンのみみ

*1 牛ヒレ肉は1本丸々仕入れ、筋や脂身を切り取るなどして写真の状態まで事前に下処理をし、ミートペーパーで包んで少し水分を抜いておく。
*2 小麦粉に加工でん粉や増粘剤などを配合して結着性を高めたミックス粉。
*3 バッター粉50gを水150㎖で溶き、全卵1個を割り入れてしっかりと混ぜ合わせる。

調理の流れ

成形・筋切り ▶ 塩・コショウ ▶ バッター粉・成形 ▶ バッター液 ▼ パン粉 ◀ 揚げ 180～200℃ ◀ 余熱 ◀ パンで挟む ▼ 蒸らし ▶ 仕上げ

つくり方

理想的な
ミディアムレアの
火どおり

①牛ヒレ肉を適度な厚みに切り、筋張った部分(写真の黒枠部分)を切り落とす。

②手のひらで断面を軽く押し広げ、包丁の背でたたく。

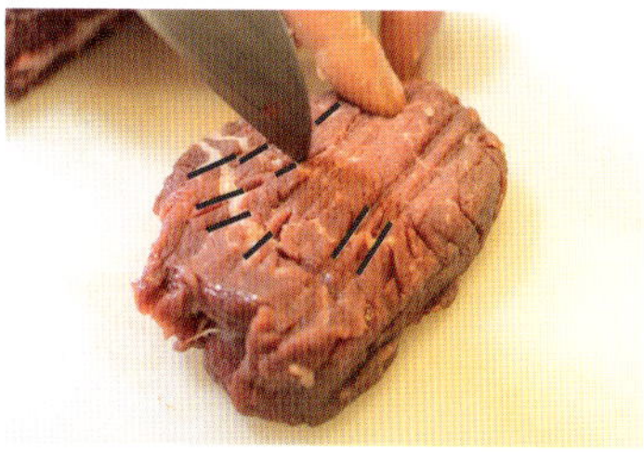

③包丁の切っ先を使って筋切りする。

④片面に塩と白コショウをふる。バッター粉をまぶしながら、指で押さえるようにして肉をのばし、食パンにちょうど収まるサイズに形をととのえる。

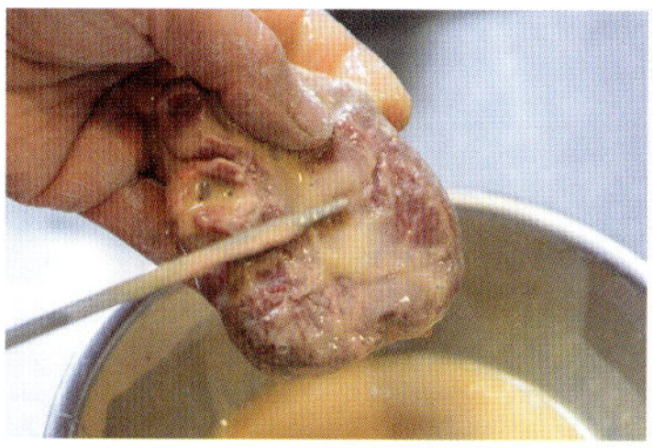

⑤金串を使ってバッター液にくぐらせ、余分なバッター液をしっかりと落とす。パン粉をたっぷりとつける。ただし、最終的にパンで挟むため、パン粉の量はほかのフライよりも控えめでOK。

⑥180～200℃の揚げ油に入れて2分ほど揚げる。衣がはがれやすいので、揚げている間はさわらないこと。

⑦網の上に置いてやすませ、さらにキッチンペーパーにとってしばらくおく。油をきりながら余熱で火を入れることが目的。この工程はトータルで7～8分ほど。

⑧食パンをトーストする。焼き上がった食パン1枚にせん切りキャベツを広げ、⑦をのせる。とんかつソースをかけ、ビーフかつをひっくり返してふたたびとんかつソースをかける。

⑨焼き上がったもう1枚の食パンをのせてラップで包み、食パンが少ししっとりとするまでしばらくおく。ラップをはずしてみみを切り落とし、6等分に切り分けて皿に盛り付ける。

調理のポイント

\ POINT 1 /

バッター液はごく薄く

肉の断面を上に向けて盛り付けるメニューのため、見た目も重要。黄色いバッター液の層に厚みが出ないように、ほかのフライ以上にバッター液を薄くつけるように心がける。

\ POINT 2 /

牛の火入れは余熱が本番

ビーフかつは高温の揚げ油に入れ、短時間で揚げきる。この段階では、衣が固まってパン粉が適度に色づいていればOK。中はまだレアに近い状態で、少し長めにやすませて余熱でゆっくりと火を入れる。

\ POINT 3 /

肉の中を落ち着かせる

ビーフかつをやすませるのは、余熱でミディアムレアに仕上げるとともに、肉の中を落ち着かせるため。すぐに切ると血がにじんで衣とパンが赤く染まってしまう。切るときも押さえつけずに、できるだけ力を加えず、包丁の自重だけで切るイメージで作業する。

\ POINT 4 /

ラップで包んで蒸らす

ビーフかつをパンで挟んだら、すぐに切らずにラップで包んでしばらくおく。これにより、パンがしっとりとし、ビーフかつとの一体感が増す。

メニュー(抜粋)

ランチ

◎平日

目玉焼き付きハンバーグ*	1150円
メンチカツ*	1130円
エビフライ*	1300円
千葉県産林SPF豚のポークカツ*	1350円
三陸産カキフライ*	1350円
ミックスフライ*	1450円
黒毛和牛のビーフカレー(サラダ付き)	1300円

*スープ、ライス付き。

◎土曜

コース2種類	3500円〜

ディナー

◎アラカルト

北海道産生ウニとコンソメジュレ アボカドのムース添え	2000円
天草産小肌のマリネ ニース風サラダ仕立て	1480円
田舎風パテ レギュームグレック添え	1200円
海の幸のパータフィロ包み焼き	1450円
タスマニアサーモンのムニエル 焦がしバターとケッパーソース	2200円
クロムツとキノコのヴィエノワーズ仕立て ブールブランソース	2500円
もち豚バラ肉と三元豚のソーセージ シュークルート添え	1800円
千葉県産林SPF豚のロースト 粒マスタードソース	2400円
和牛ホホ肉のハチミツと赤ワイン煮込み ポレンタ添え	2300円

◎コース3種類 ---- 5000円〜

洋食店

レストラン サカキ

［東京・京橋］

創業は昭和26年（1951年）。京橋のビジネス街に立地し、昼どきになると「ポークジンジャー」「ハンバーグ」、フライなどの王道の洋食を目当てに行列が絶えない。2003年から家業を継ぎ、四代目シェフとして厨房に立つ榊原大輔さんはフランス料理出身。東京・四谷の「北島亭」での修業や3年半の渡仏経験で学んだ技術を生かし、夜はクラシックなフランス料理でお客を楽しませている。

東京駅と日本橋の中間あたり、大企業が集まるオフィス街に立地。鮮やかなブルーのひさしが目印の店舗は、洒落たフランス料理店の趣。

レストラン サカキ

東京都中央区京橋
2-12-12 サカキビル1F
☎ 03-3561-9676

フレンチシェフが挑む、ごはんに合うフライ。素材にこだわり、バリエーション豊かに提供

脂の甘みがじんわりと広がる「ポークカツ」に、ぷりぷりの大きな「エビフライ」、海のエキスがじゅわっとあふれる「カキフライ」……。口に運ぶと、素材のもつ力強い味わいがストレートに飛び込んでくる。添えられたサラダ、自家製のドレッシングやタルタルソースは上品な仕立てで、ハレの日のごちそうとして日本に浸透してきた洋食の趣を現代に伝えている。そうしたメニューを提供し続ける「レストラン サカキ」は、東京・京橋に店を構える老舗の洋食店。連日、ランチタイムは客席が約3回転する人気ぶりで、お客の6割ほどがフライを注文する。

フライは基本的に平日の昼のみのメニューで、「ポークカツ」「エビフライ」「メンチカツ」「カニクリームコロッケ」と、季節限定の「カキフライ」を基本に、「ミックスフライ」や「カツカレー」なども提供している。創業当時から続いているメニューも多いが、2003年に四代目の榊原大輔さんが店を継いで以来、そのレシピは大きく変更してきたという。「フランス料理をみっちりやって、27歳でこの店の厨房に入ったので、フライに関してはここに立つようになってからきちんと勉強し直したようなものです」と榊原さん。評判のとんかつ店や洋食店などに食べに行き、ときには教えを乞うなどして、店のメニューをブラッシュアップさせてきた。

「フライのメニューはだいたい形式が決まっているので、ほかの料理に比べて冒険できず、そのなかで自分らしいスタイルを確立するには難しさもあります。シンプルな料理ですから、新鮮な素材を使うことと、基本的な仕事をていねいに行うことを大事にしています」と語り、リーズナブルな価格を維持しながらも素材へのこだわりを徹底。豚肉は評判の銘柄豚を食べ比べ、コストのバランスもよい「林SPF豚」をセレクト。野菜は国産、魚介は毎朝6時に築地（現在は豊洲）市場に行って仕入れるのが榊原さんの日課で、とりわけ鮮度が命のカキは毎日仕入れて1日4kgを使いきる。

「ごはんに合うフライ」をコンセプトにしているだけあって、どれも下味はしっかりめにつけ、中まできちんと火を入れながら、外はこんがりとこうばしく仕上げる。塩をふって上品に楽しむよりも、中濃ソースやタルタルソースをたっぷりからめて、ごはんと一緒に食べるのが同店のフライの醍醐味だ。洗練されていながらも、どこか庶民的で親しみやすいところが、多くのファンを惹き付ける理由だろう。

白を基調にした清潔感あふれる店内は、ほどよいカジュアル感も併せもつ。客席はすべてテーブル席で、店内奥はゆったりとしたダイニング。

揚げ油

ラード100%の油を170℃に固定。それを前提にメニューを設計

ランチは洋食、ディナーはフランス料理を提供するため、フライの注文はランチタイムに集中。ハンバーグやポークジンジャーなどフライパンで調理するメニューとフライを同時につくることが多いため、フライの調理には温度管理がしやすいフライヤーを活用。油の温度は170℃に固定し、それを前提に各メニューのサイズと揚げ時間を決めている。油は「あらゆる素材と相性がよく、冷めてもおいしく食べられる」(榊原さん)との理由から、ラード100%。昼どきはフライの注文が30食を超えることもあるため、昼の営業中だけで揚げ油は3～4回取り替え、フレッシュな状態をキープしている。

肉

安全性にもこだわった銘柄豚。昼夜のさまざまな料理で使いきる

豚肉は千葉県産のブランド豚「林SPF豚」を使用。「肉質がしっとりとして脂に甘みがある肉本来のポテンシャルに加え、飼料にこだわった安全性の高い豚であることや、価格的なバランスも魅力です」と榊原さん。ロースは1本丸々仕入れて切り分け、さまざまなメニューに使い分ける。たとえば、肩寄りの脂身の多い部分は「ポークジンジャー」に使い、焼きながら適度に脂を落とす。一方、カツカレーに用いるかつは、カレーと一緒に食べやすいように、腰寄りの脂身の少ない部分を使い、たたいて薄くしてから揚げる。切り落とした脂はリエットに使うなど、材料を無駄なく使う工夫も怠らない。

提供方法

“デミ”ではなく中濃ソースを提案。添えもので色どりのよいひと皿に

「ごはんに合うフライ」をコンセプトに、ポークカツやメンチカツはデミグラスソースではなく、ソースで食べることを推奨。ソースは、関東で昔からなじみのある「ブルドック」ブランドの中濃ソースを用意する。「ウスターソースよりもうまみと甘みが濃く、濃度があるので、ごはんとも合います」と榊原さん。醤油や和がらしなども置き、お客の自由に食べてもらう。皿にはキャベツにニンジンやスプラウトを合わせたコールスローや、トマト、ポテトサラダを添えて、洋食店らしい華やかさをプラス。サラダ用の自家製のニンジンドレッシングは、醤油を加えた和風テイスト。

衣

卵液に油と水を加え、軽やかな食感の衣に

粉やパン粉は、榊原さんが四代目に就く以前から使っているものを引き続き使用している。粉は薄力粉、パン粉は都内のパン粉メーカーのもので、中挽きで少し甘みがあり、揚げたときに色づきやすいものをチョイス。卵液に同割の水と油を加えるのも特徴で、「卵液に水と油を混ぜて乳化させることで、揚げたときに水分が蒸発して衣に空洞ができ、カリッとした食感に仕上がる」(榊原さん)という。以前は、これに粉を加えたバッター液を使っていたが、揚げたときに衣の食感が重たく感じられたため、薄力粉をつけてから卵液にくぐらせる現在の方法に変更した。

千葉県産林SPF豚のポークカツ

レストラン サカキ

「林SPF豚」は、肉質がやわらかくしっとりとして、脂身に甘みがあるのが特徴。
塩でしっかりと下味をつけ、衣で包んで芯まで火を入れたかつは、
こうばしく、カリッと軽快な歯ざわりで、かみしめるほどにうまみと甘みが広がる。

材料

《1皿分》
豚ロース肉*1…正味200g
塩…適量
薄力粉…適量
卵液*2…適量
パン粉…適量
揚げ油（ラード）…適量

添えもの／コールスロー（キャベツ、ニンジン、赤玉ネギ、スプラウト）、トマト、ポテトサラダ

*1 豚ロース肉は1本丸々仕入れるが、事前に下処理はせず、オーダーごとに切り分けてから脂身や筋を取り除く。
*2 ボウルに全卵10個を割り入れ、水100mℓ、サラダ油100mℓを加え、泡立て器でよく混ぜ合わせ、シノワで漉す。

調理の流れ

成形・筋切り ▶ 塩 ▶ 薄力粉 ▶ 卵液（水、サラダ油入り） ▶ パン粉 ▶ 揚げ 170℃ ▶ 余熱

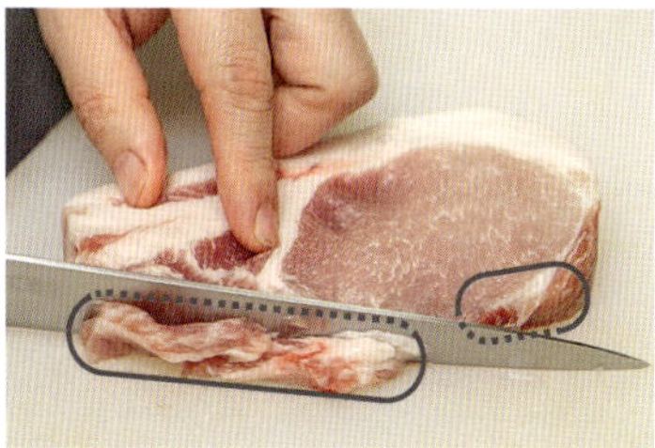

① 豚ロース肉を200g強に切り出し、下側の筋っぽい部分（写真の黒枠部分）と背側の余計な脂身を切り落とす。

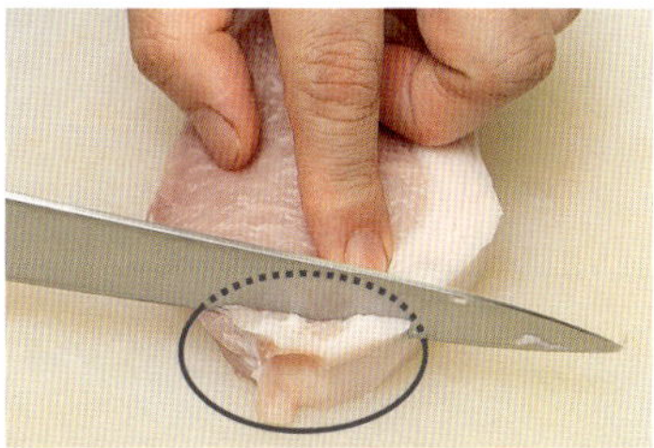

② 端の筋っぽい部分（写真の黒枠部分）を切り落とす。

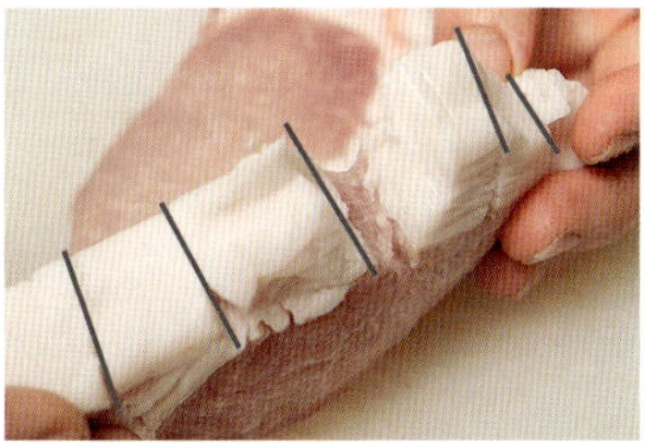

③ 背の脂身を約1.5㎝間隔で切って筋切りする。うち1ヵ所は写真のように深く切る。

④ 両面に塩をまんべんなくふる。

⑤ 薄力粉をまぶし、手ではたいて余分な粉を落とす。

⑥ フォークを使って卵液にくぐらせ、余分な卵液をしっかりと落とす。

⑦ パン粉の入ったバットに移し、手で数回、ふんわりと握るようにして自然にパン粉をまとわせる。

⑧ 170℃の揚げ油に入れ、5分揚げる。揚げている間はあまりさわらず、衣が固まったら一度ひっくり返す。

⑨ 網の上に置いてやすませ、油をきりながら余熱で火を入れる。この工程は1分30秒〜2分ほど。切り分けて皿に盛り付ける。

調理のポイント

\ POINT 1 /
脂身の少ない部分を使用

脂の多い部分はとんかつにするとくどく感じられることから、ロース1本の中でも比較的脂身の少ない、中央から腰寄りの部分を使用。揚げる際に火の入り方にムラが生じないように、できるだけ同じ厚みに切り分ける。

\ POINT 2 /
食感の第一印象に配慮

とんかつは端から食べる人も多く、端にある筋は残しておくと最初に口にしたときの印象が悪くなるため取り除く。背の脂身を包丁で切って筋切りするが、うち1ヵ所は深く切ることで、揚げたときに反り返りにくくする。

\ POINT 3 /
揚げ油は170℃をキープ

揚げものだけでなく幅広い洋食メニューを提供しているため、揚げものはすべてフライヤーで調理。油の温度は170℃に固定し、とんかつの場合は5分揚げて、網にとって1分30秒〜2分やすませて余熱で仕上げる。

\ POINT 4 /
芯までしっかり火を入れる

「肉の火入れが中途半端だと、ぐにゃっとした食感が残り、おいしくない」（榊原さん）という考えから、肉にはしっかりと火を入れる。

カキフライ

常連客が毎年、待ち焦がれるカキフライは、三陸産の生ガキを使う冬季限定品。
ぜいたくにカキ2個を一つにまとめて揚げ、じんわりと中心まで火を入れる。
まるで生ガキのような、ぷっくり、ジューシーな食感で、濃厚な味わいも楽しめる。

材料

《1皿分》
カキ（むき身）…10個
薄力粉…適量
卵液*…適量
パン粉…適量
揚げ油（ラード）…適量

添えもの／コールスロー（キャベツ、ニンジン、赤玉ネギ、スプラウト）、トマト、ポテトサラダ、タルタルソース（左頁）

＊ボウルに全卵10個を割り入れ、水100㎖、サラダ油100㎖を加え、泡立て器でよく混ぜ合わせ、シノワで漉す。

調理の流れ

下処理 ► 成形 ► 薄力粉 ▼ 卵液（水、サラダ油入り） ◄ パン粉 ◄ 揚げ 170℃

つくり方

カキ2個を一つにまとめた独特のスタイル

① カキはザルにあけて水けをきり、洗わずにキッチンペーパーで水けをふき取る。

② カキ2個を手に取り、向きをそろえて重ねる。これを5セット用意し、1皿分とする。

③ カキ2個を重ねた状態で薄力粉をまぶし、余分な粉を落としながら形をととのえる。

④ 卵液にくぐらせ、余分な卵液をしっかりと落とす。

⑤ パン粉の入ったバットに移し、おにぎりを握るようなイメージでパン粉をやさしくまとわせる。

⑥ 170℃の揚げ油で3～4分揚げる。網の上に置いて油をきり、皿に盛り付ける。

調理のポイント

＼POINT 1／

カキは洗わない

カキは水などで洗うと汚れとともにカキのうまみも流れてしまうため、洗わずに使用する。また、カキのもつ塩分を生かし、塩はふらずにそのまま粉や卵液をまとわせる。

＼POINT 2／

2個重ねてうまみアップ

形の不ぞろいなカキを、大きさをそろえ、揚げ時間を一定にするため、カキは2個重ねて衣づけする。また、それによって1個だけで揚げるよりもふっくら、ジューシーに仕上がる。

タルタルソースのつくり方

《つくりやすい分量》

マヨネーズ…以下より1.1kg

- 卵黄…4個分
- フレンチマスタード…3g
- 塩…9g
- 白コショウ…1g
- 白ワインヴィネガー…55g
- シェリーヴィネガー…45g
- サラダ油…1ℓ

茹で卵（みじん切り）…3個分

コルニッション（みじん切り）…45g

ケイパー（酢漬け／みじん切り）…11粒

玉ネギ（みじん切り）…1個

① マヨネーズをつくる。ボウルに卵黄、フレンチマスタード、塩、白コショウを入れて混ぜ合わせ、白ワインヴィネガー、シェリーヴィネガーを加えてよく混ぜる。

② ①にサラダ油を少しずつ加え混ぜ、ゆっくりと乳化させる。

③ ①で仕上げたマヨネーズ1.1kgに茹で卵、コルニッション、ケイパー、玉ネギを加え混ぜる。

エビフライ

レストラン サカキ

黄金のタルタルソースの海に凛と立つ、堂々たる風格。
大型のブラックタイガーは、ぷりっと弾力があり、うまみも濃厚。
タルタルソースはたっぷりとからむように、粘度や具材の野菜の大きさにも配慮。

材料

《1皿分》
ブラックタイガー(冷凍)…3尾
重曹…適量
塩…適量
薄力粉…適量
卵液*…適量
パン粉…適量
揚げ油(ラード)…適量

添えもの／コールスロー（キャベツ、ニンジン、赤玉ネギ、スプラウト)、トマト、ポテトサラダ、タルタルソース(P.137)、レモン

* ボウルに全卵10個を割り入れ、水100㎖、サラダ油100㎖を加え、泡立て器でよく混ぜ合わせ、シノワで漉す。

調理の流れ

下処理・成形 ► 塩 ► 薄力粉 ► 卵液（水、サラダ油入り） ▼ パン粉 ◄ 卵液（水、サラダ油入り） ◄ パン粉 ◄ 揚げ 170℃

①ブラックタイガーは水に浸して解凍し、頭と内臓を取り除いて殻をむく。

②①をボウルに入れて重曹と塩を加え、よくもむ。流水で洗い、キッチンペーパーで水けをふき取る。

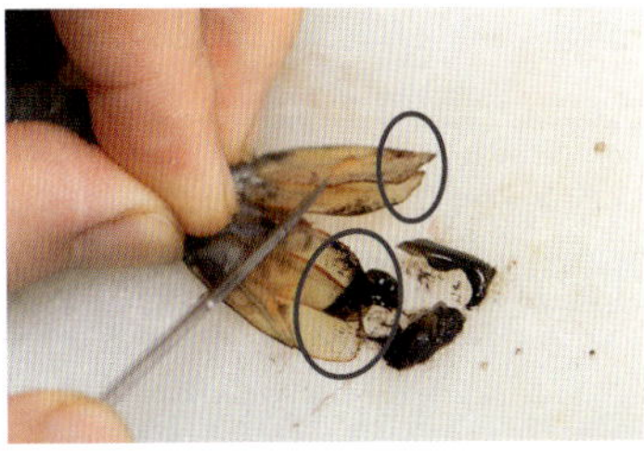

③尾を包丁の先でしごいて汚れを取り、尾の先端（写真の黒枠部分）を切り落とす。

④背ワタを取り除き、腹側に3～4ヵ所、斜めに切り込みを入れる。

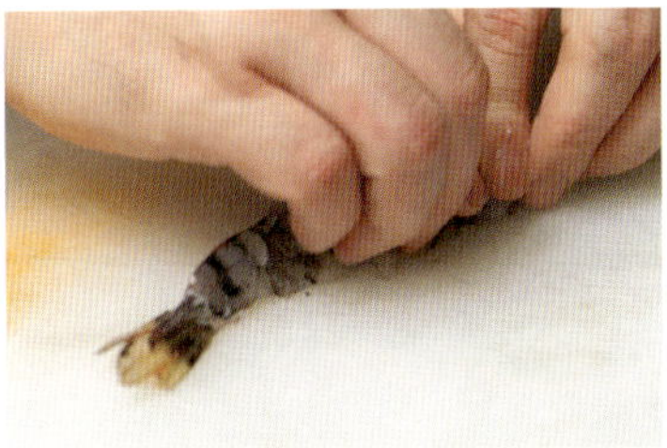

⑤背を上にして置き、エビの身を3ヵ所ほど指でつまむようにして押しつぶし、真っ直ぐになるようにのばす。

⑥背を上にした状態で塩をふる。薄力粉をまぶし、手ではたいて余分な粉を落とす。尾を持って卵液にくぐらせ、余分な卵液をしっかりと落とす。

⑦パン粉をまんべんなくまぶし、両手で挟んで転がすようにして余分なパン粉を落とす。

⑧ふたたび卵液にくぐらせ、余分な卵液をしっかりと落とす。

⑨パン粉をふんわりとまぶし、170℃のサラダ油で2分揚げる。網の上に置いて油をきり、皿に盛り付ける。

調理のポイント

\ POINT 1 /

重曹と塩で洗う

エビは殻をむいてから、重曹と塩でもみ洗いする。汚れや臭みがとれるだけでなく、日持ちを長くさせる効果もある。

\ POINT 2 /

「卵液→パン粉」は2回

エビのうまみをとじ込め、真っ直ぐに揚げるため、「卵液→パン粉」は2回行い、エビをしっかりとコーティングする。1回目はエビのまわりに薄く貼り付けるように、2回目はふわっとまとわせる。

\ POINT 3 /

短時間で揚げる

エビは揚げすぎると身が固くなってしまうため、短時間で揚げるのが基本。同店ではエビフライのみタイマーを使い、揚げすぎないように細心の注意を払っている。

カニクリームコロッケ

ミルキーなベシャメルソースにカニのうまみが溶け込んだクリームコロッケは、
洋食店ならではのていねいな仕事を感じられる、ごちそうメニュー。
香味野菜とマッシュルームの甘みや香りが、濃厚なカニの味わいを下支えする。

材料

《1皿分》
タネ…以下より180g（1個60g）
- 玉ネギ（みじん切り）…150g
- ニンジン（みじん切り）…80g
- セロリ（みじん切り）…50g
- マッシュルーム（みじん切り）…30g
- バター…150g
- 塩…適量
- カニのほぐし身（缶詰）…150g
- 白ワイン…30mℓ
- 薄力粉…100g
- 牛乳…800mℓ

薄力粉…適量
卵液*…適量
パン粉…適量
揚げ油（ラード）…適量

添えもの／コールスロー（キャベツ、ニンジン、赤玉ネギ、スプラウト）、トマト、ポテトサラダ

* ボウルに全卵10個を割り入れ、水100mℓ、サラダ油100mℓを加え、泡立て器でよく混ぜ合わせ、シノワで漉す。

調理の流れ

タネの準備 ▶ 成形 ▶ 薄力粉 ▼ 卵液（水、サラダ油入り） ◀ パン粉・成形 ◀ 揚げ 170℃

←-- カニの身と香味野菜で具だくさん

① タネを準備する。鍋にバター35gを熱して玉ネギを加え、透きとおってしんなりとするまで炒める。ニンジン、セロリ、バター15gを加えて炒め、なじんだらマッシュルーム、塩1つまみを加えて炒め合わせる。

② カニのほぐし身を絞って汁けをきる。絞った汁は取り置き、身は①に加え混ぜる。さらに、①に白ワインを加え、アルコールがとんだら塩適量で味をととのえる。

③ ②と並行して以下の作業を行う。鍋にバター100gを熱し、溶けたら薄力粉を加えて混ぜながら火を入れる。粉けがなくなってきたら牛乳を少しずつ加え、そのつど泡立て器でよく混ぜる。

④ ③が充分に混ざってなめらかになったら火を強め、混ぜながら適度なとろみになるまで加熱する。②で取り置いたカニの汁を加え混ぜ、ひと煮立ちさせる。

⑤ ④に②のカニの身と野菜を加え混ぜ、塩適量をふってしっかりと味をつける。

⑥ バットに広げてラップをぴったりとかぶせ、底に氷水をあてて冷ます。粗熱がとれたら1個60gに計量し、ボール状に丸める。

⑦ 薄力粉をまぶし、タネを手の上で転がすようにして余分な粉を落とす。卵液にくぐらせ、フォークで引き上げて余分な卵液を落とす。

⑧ パン粉の入ったバットに移し、おにぎりを握るようなイメージでパン粉をやさしくまとわせる。

⑨ 手のひらで軽くつぶしてやや平らにする。170℃の揚げ油に入れ、4～5分揚げる。網の上に置いて油をきり、皿に盛り付ける。

調理のポイント

＼POINT 1／ 下味をしっかりつける

ベシャメルソースと野菜はそれぞれに下味をつけるが、それらを合わせてからもう一度、塩で調味し、何もつけずにそのまま食べられる程度の味にととのえる。

＼POINT 2／ いったんボール状に成形

タネはやわらかいため、扱いやすいボール状にいったん形をととえてから衣をまとわせる。衣をつけたらつぶして少し平らにし、芯まで火が入りやすい形にして揚げる。

メンチカツ

粗挽き肉の歯ごたえが残る、うまみたっぷりの「サカキ」のハンバーグ。
そのタネに生の玉ネギを加えてカラッと揚げれば、肉汁があふれ出るメンチカツに変身。
デミグラスソースではなく、あえてソースで食べるのもサカキ流。

材料

《つくりやすい分量
(メンチカツのタネは1個65g)》
ハンバーグのタネ…以下より450g
- 牛挽き肉…3kg
- 豚挽き肉…1kg
- 塩…42.5g
- 白コショウ…2g
- ナツメグパウダー…2g
- 牛乳…650mℓ
- 炒め玉ネギ *1…175g
- パン粉…195g
- 全卵…6.5個

玉ネギ(粗みじん切り)…50g
薄力粉…適量
卵液 *2…適量
パン粉…適量
揚げ油(ラード)…適量

添えもの/コールスロー(キャベツ、ニンジン、赤玉ネギ、スプラウト)、トマト、ポテトサラダ

*1 玉ネギをみじん切りにし、サラダ油でしんなりするまで炒める。
*2 ボウルに全卵10個を割り入れ、水100mℓ、サラダ油100mℓを加え、泡立て器でよく混ぜ合わせ、シノワで漉す。

調理の流れ

タネの準備 ▶ 成形 ▶ 薄力粉 ▶ 卵液(水、サラダ油入り) ▶ パン粉・成形 ▶ 揚げ 170℃

つくり方

粗挽き肉と玉ネギがともに主張

① ハンバーグのタネをつくる。ボウルに材料をすべて入れ、よく混ぜる。写真は混ぜ終わりの状態。

② ハンバーグのタネ450gを別のボウルに移し、粗みじん切りにした玉ネギを加えてよく混ぜる。

③ 1個65gに計量して丸める。

④ 薄力粉をまんべんなくまぶし、余分な粉を落とす。

⑤ 卵液にくぐらせ、フォークで引き上げて余分な卵液を落とす。

⑥ パン粉をまんべんなくまぶす。

⑦ 手のひらで少しつぶして小判形にととのえる。

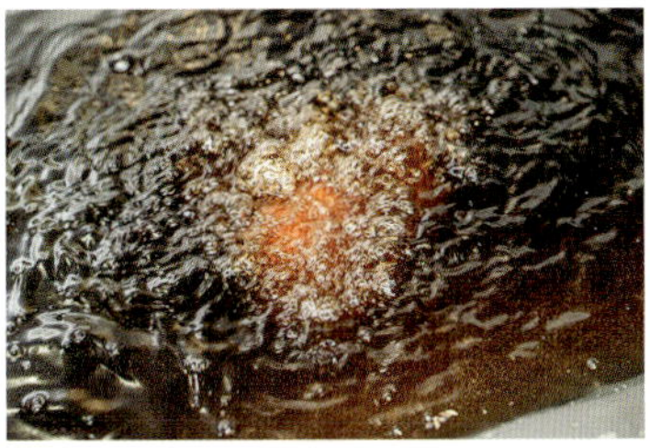

⑧ 170℃の揚げ油で、6～7分揚げる。写真のように浮き上がってきたら揚げ上がりのタイミング。

⑨ 網の上に置いて油をきり、皿に盛り付ける。

調理のポイント

POINT 1
ハンバーグのタネを活用

ハンバーグ用に仕込んだタネの一部を取り分け、そこに生の玉ネギを加えてメンチカツのタネにする。仕込みの手間を増やさずに、メニューバリエーションを広げる工夫の一つだ。

POINT 2
フレッシュの玉ネギをプラス

ハンバーグのタネには炒め玉ネギを合わせてあるが、メンチカツのタネにはさらに生の玉ネギをプラス。それにより、揚げたときに玉ネギの水分が出て肉汁と合わさり、ジューシーな食感を生む。

とんかつの技術

定番フライとバリエーション

初版印刷　2019年2月15日
初版発行　2019年3月1日

編者©　柴田書店
発行者　丸山兼一
発行所　株式会社柴田書店
〒113-8477
東京都文京区湯島3-26-9 イヤサカビル
電話　営業部03-5816-8282（注文・問合せ）
書籍編集部03-5816-8260
http://www.shibatashoten.co.jp/

印刷・製本　株式会社文化カラー印刷

ISBN 978-4-388-06309-3
Printed in Japan